NONFICTION
論創ノンフィクション
061

グリーフカフェ

大切な人を亡くした人たちが語ったこと

佐藤奈央

論創社

はじめに

「グリーフ」という言葉を知っていますか？

英語で「grief」とつづるこの言葉は、日本語では「悲嘆《ひたん》」と訳されます。家族や恋人、友人をはじめ、大切な人を亡くしたときなどに起きる、深い悲しみのことで、日本では東日本大震災などの災害や、大きな事故が起きるたびに注目されてきました。

グリーフが引き起こすのは、悲しみだけではありません。怒りや後悔、自分を責める気持ち。故人に「会いたい」と思う気持ちや、いとおしむ気持ちなども含まれます。

グリーフを抱えることで、心だけでなく、体に反応があらわれる場合もあります。つらい気持ちから食事をとれなくなったり、眠れなくなったりするなど、社会生活を営むのが困難になる場合さえあるのです。

そんなグリーフを、そっと持ち寄るようにして、人々が集まる場所があります。

「グリーフカフェ」です。


子どもを事故で亡くした人。

親を病気で亡くした人。

恋人を自死で亡くした人。

つい数カ月前に突然の別れを経験した人もいれば、死別から一〇年以上経っているという人もいます。

抱える事情も、年齢も性別も違いますが、誰もが癒しがたい悲しみや、やり場のない喪失感を抱えています。


語られるのは、日ごろは心の奥に閉じ込めた気持ちです。

職場や友人の前ではなかなか話せないつらさや悲しみ。

家族や親友など、親しい相手にだからこそ打ち明けられない本音。

身近な人からの、何気ないひとことで傷ついた心――。
ここではそれらを包み隠さず、ありのままに語り合うのです。

この本は、そんなグリーフカフェで実際に話されたことをまとめた本です。舞台は、ＮＰＯ法人「暮らしのグリーフサポートみなと」が主催するカフェ。東京・港区で、月に一度、開かれています。

非常にプライベートで閉じられた空間ですから、本来は参加者以外、立ち入ることはできないのですが、カフェを描いたドキュメンタリー番組の制作にあたって、特別にカメラが入ることを許可されました。数年間にわたって取材した内容をベースにして、本書を構成しています。

いま、グリーフを抱えてつらい思いをしている人へ。
深い悲しみの中、ひとりぼっちで立ちすくんでいる人へ。
いまの気持ちを誰かに聞いてほしい、
同じような体験をした、ほかの誰かの話を聞いてみたいと感じている人へ。

この本が何かのヒントになったり、少しでも役に立ったりしたら幸いです。

なお、本書は、現在グリーフを抱えていて、細かい文字や長い文章を読むのが難しいという人にも手に取ってもらいやすいように、文字や余白を大きくし、見出しを多く立てています。

筆者による「地の文」は明朝体で、参加者の方などがお話しされた内容はゴシック体で書き分けています。

気になる見出しの部分や段落だけ、ピックアップして読んでいただいても構いません。

また、巻末には専門家の先生のお話も載せました。

グリーフを抱えている人だけでなく、身近にグリーフを抱えている人がいるという方、その人をサポートする立場にある方。グリーフやグリーフサポートについて学んでみたいという方に読んでいただいてもいいかもしれません。

筆者は前出のドキュメンタリー番組「グリーフカフェ～悲しみを語れる場所

「グリーフのイメージ」
（NPO 法人「暮らしのグリーフサポートみなと」の HP より）

〜」（TOKYO　MX、二〇一九年）の制作に関わった縁で、「暮らしのグリーフサポートみなと」のグリーフカフェに出会いました。長年カフェを取材してきた、同局の照《てる》井《い》健《けん》さんに同行してカフェの内部に足を踏み入れるうち、そこで目にした光景や聞いたお話に心をつかまれ、テレビ番組だけではなく、書籍として残すことで、より多くの人に届けたいと考え、この本を作りました。

第二章　家族を亡くした人のお話　パートⅡ　79

第三章　パートナーを亡くした人のお話　147

第一章　家族を亡くした人のお話　パートⅠ

オープニング――ようこそグリーフカフェへ

ＮＰＯ法人「暮らしのグリーフサポートみなと」が運営するグリーフカフェは、月に一度、東京・港区内で開かれます。場所は時期によって、区内のビルの一室や、区の公共施設を使用します。

「カフェ」といっても、私たちが日ごろ立ち寄るカフェとは少し違っています。参加する人が安心して語れるように、進行役がいて、いくつかのルールが定められているのです。訪れたことがない人にとっては想像しにくいと思いますので、ここでは、グリーフカフェがどのようなところなのか、順を追って説明します。

カフェのルール

カフェが開かれる日。開始の時間が近づくと、事前に予約した参加者が集まってきます。それぞれ雑談したり、あらかじめ用意されているお菓子や飲み物を自由に選んだりして、和やかな雰囲気です。

開始の時間になり、参加者がテーブルを囲んで席につくと、まず、「ファシリテーター」から次ページのようなルール説明があります。

ファシリテーターとは、カフェを進行する役割の人です。特別な講座を受け、グリーフに関する知識などを身につけたボランティアが務めます。

トーキングスティック

それでは、始めていきましょう。きょうお集まりのみなさんは、大切なご家族を亡くされた方々です。これからみなさんのお話を聞いていきますが、ここが安全・安心な場になるよう、いくつかの「決め事」があります。

・ここでは、何を話しても構いません。話したいことだけを話し、話したくないときは「パス」で結構です。

・話す順番が回ってきた人は、「トーキングスティック」を持って話します。話し終わったら、次の順番の人に手渡してください。

・ここは自分の体験や気持ちを話したり、相手のお話に耳を傾けたりすることで「分かち合う」場です。人のお話の内容を褒めたり否定したりして「評価」することや、批判やアドバイスをすることも避けましょう。

・カフェに参加される方はみなさん、とても複雑なグリーフを抱えています。カフェ以外で交流したり連絡をしたりすることで、トラブルになる可能性もあるのでやめましょう。

・ここは「非日常」の空間です。ここで話されたこと、聞いたことはこの場に置いていきましょう。後から内容を人に話したり、SNSにアップしたりしないようにしましょう。

カフェの手順

ルール説明が終わると、いよいよカフェがスタートします。
カフェは一回あたり、およそ九〇分間です。
ファシリテーターの進行のもと、参加者はまず「どこから来たか」ということ

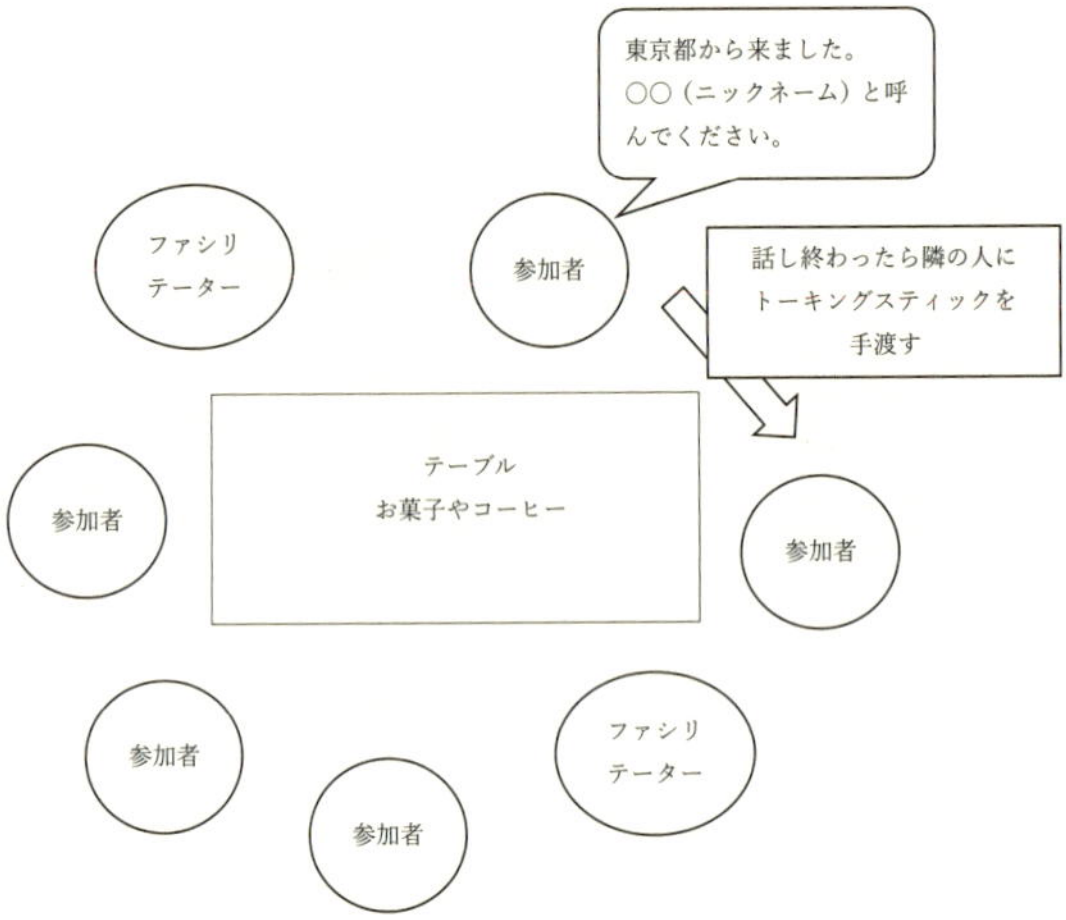

「暮らしのグリーフサポートみなと」のグリーフカフェの進め方

と「きょう呼ばれたい名前（ニックネーム）」を、順番に、時計回りに話していきます。このとき「きょうの気分を色で例えてください」とか「天気に例えてください」と言われることもあります。お互いのコンディションを知るためです。参加者は、例えばこのように話します。

はじめまして。都内から来ました。○○と呼んでください。きょうの気分を色に例えると水色です。ブルーほど深くはありませんが、少し気持ちが沈んでいます。

トーキングスティックを持つ（番組より）

話し終わったら、次の人にトーキングスティックを手渡します。なお、カフェでは本名や年齢、職業などの個人情報を明かす必要はありません。お互いのことは、ニックネームで呼び合います。

つづく二巡目では「いつ、誰を、どのような形で亡くしたか」を、話せる範囲で話していきます。

私は○年前に、母を病気で亡くしました。病気が分かってから亡くなるまでがあっという間で、心のどこかに、いまも信じられない気持ちがあります。

これらが終わると、参加者どうしが心の内を

カフェの様子（番組より）

語り合うターンの始まりです。いま感じていること。最近あった忘れられないできごとや亡くなった人についての思い出などを、トーキングスティックを回しながら語っていきます。ほんの短く話して終える人もいれば、数分にわたって話す人もいますし、「パスします」とだけ言う人もいます。その際、参加者が安心して、話したいことを話せる場になるよう、ファシリテーターがサポートしてくれます。

ちなみに、話す順番とともにトーキングスティックを回すのは「いまは誰が話すターンか」を、目で見て分かりやすく示すためです。トーキングスティックを持っている人が話し、それ以外の人は聞くというルールを守ることで、カフェはお互いに安心して過ごせる場所になります。

本書における描き方

このようにして開かれるカフェで実際に話されたことについて、本書では、参加者の一人ひとりにスポットをあてて描いていきます。

その人に何が起き、どんな心の動きがあったのか。カフェでご本人が語ったお話を中心に据え、時折、ファシリテーターの「もりさん」とのやりとりを交えながらご紹介していきます。

また、それぞれの方のご意向に沿って、カフェでのニックネームをそのまま使用させていただいたり、まったく異なる仮名にしたりして記しています。

両親を亡くした男性のお話——RENさんの場合

秋が深まり、木々が色づき始めた季節のことです。

初老の男性が、はじめてカフェに参加するためにやって来ました。RENさん《レン》。六〇代です。会社を経営しています。そのたたずまいや風貌には、社会の荒波を越え、豊かな人生を積んだことを感じさせる、落ち着いた風格のようなものが漂っています。

ところが、ほかの参加者とともにテーブルを囲んで席につき、トーキングスティックを握ると、こんなふうに切り出したのです。

苦しみや、自責の念。いい歳をして、そこから離れられないんです。時間が経てば立ち上がれるかなと思ったんですが、全然立ち上がれなくて……あまり詳しく話すと（涙が）こみ上げてきそうなので、サラッと話します。

まずはRENさんの身に何が起きたのか、ご自身がカフェで語ったことに、筆者によるその後の取材も加えてお伝えします。

突然すぎる、父の死

　RENさんは東京生まれの東京育ち。きょうだいはなくひとりっ子で、両親との三人家族でした。大学を卒業後、大手旅行会社に就職。その頃は日本経済が急成長し、バブル真っただ中でした。RENさんは当時の自分を「とんがって、強気にバリバリ働きました。いわゆる『モーレツサラリーマン』でした」と振り返ります。
　四〇歳で会社を辞め、独立。それまでの経験とノウハウを生かし、旅行関係の会社を作りました。取引先も増え、いよいよこれからというとき、離れて暮らすお父さんに前立腺の病気が見つかったのです。

　オレに相談してくれれば、いろんな病院を紹介するツテもあったのに、親父は家族に何も言わずに、家のすぐ近所の病院で手術を受けてしまったんです。それを知って見舞いに行くと、親父は集中治療室にいました。

病院側からは「手術は無事に終わりました」という説明があったので、ひと安心していたのですが、親父はなぜか「きょうは一緒にいてくれないか」なんて言うんですよ。元気づけるつもりで「何言ってんだよ、手術も無事終わったんだし大丈夫だよ」と言って、自分は家に帰ったんです。

ところが、その日の深夜。病院から「お父さんが危篤だ」という連絡が入ります。驚いて急行すると、信じられないことに、お父さんはすでに亡くなっていたのです。

わけが分かりませんでした。だって、ついきのうまで親父はピンピンしていたんですから。

思えば、お父さんが病気のことを誰にも言わずにひとりで治療に向かったのは、家族を気遣ってのことでした。独立し、これから羽ばたこうとしていたRENさん。そして妻（RENさんのお母さん）は、悪性関節リウマチを患い、長い間病床にありました。

親父は昭和ひとけたの生まれで、若いときに田舎から出てきて苦労した人でした。わがままでガンコだけど、ボクが仕事で海外から戻ったときには、いい歳をした息子をわざわざ空港まで迎えに来るような人でした。


家族思いで気丈なお父さんの「きょうは一緒にいてくれないか」という言葉。あの日、頼みを聞いて、自分が病院に残ってさえいれば――。

後日、RENさんは、お父さんがあまりに急に亡くなったことの原因を突き止めようと、病院を相手どって裁判を起こしました。長い戦いの末、病院による医療過誤が認められましたが、RENさんの気持ちは晴れません。拭いきれない後悔や自責の念が残ったのです。

さらなる衝撃

ＲＥＮさんをおそった大きな波は、それだけでは終わりませんでした。さらなる「事件」が待っていたのです。

お父さんが亡くなった後、ＲＥＮさんはそれまでお父さんが担っていたお母さんの介護を引き継ぐことになりました。仕事で世界中を飛び回っていた日々は一変し、自宅マンションと実家を往復して、お母さんの世話をするようになっていました。

知人を介して出会った女性と結婚したのは、その頃です。うれしいことに、女の子の赤ちゃんを授かりました。ＲＥＮさんにとっては、五〇歳を超えてはじめて授かった子どもです。仕事先にまで連れて行って子守りをするほどかわいがっていたと言います。

ところが子どもが一歳を超えた頃、ショッキングなことが起こります。

母の介護のために実家に行っている間に、妻が娘を連れて家を出てしまったんです。それだけでも大変なことなのですが、妻は知らない間に、親父が生前に集めていた高価な趣味の品物なんかを持ち出して行ってしまった。
するとそれを知った母親が参ってしまって、直後に急性心筋梗塞で倒れたんです。なんとか退院したものの、それ以来、転倒することが増えました。ある日、ボクが不在の間に家で転んで大腿骨を骨折してそのまま入院、数年後、亡くなってしまったんです。

お父さんの死から一三年の年月が経っていました。しかしRENさんの心には依然として、お父さんへの申し訳なさ、後悔がありました。そこに今度は、お母さんの死です。

ボクの責任なんだと思いました。親父が亡くなった後、せめて、母には悔いのない孝行をしたかったんです。だからどうしても孫を見せてあげたい一心で、正直なことを言うと、慎重にお付き合いをしたわけではなく、「できちゃった婚」

だったんです。

そんなふうに相手を選んでしまったのがいけなかったのかもしれない。孫は見せられたけど、そのことが結果として、母の寿命を縮めてしまったんだと。

カフェでグリーフが消えることはない

ファシリテーターのもりさんが、初参加のRENさんに対して、とても大切なことを言いました。このカフェの意味合いについてです。

はじめに分かっていただきたいのは、ここに来たからといって、グリーフが急に消えるとか、乗り越えて突然元気になるというわけではありません。グリーフを抱える前の自分に戻ることもできません。

ただし、きょうは偶然にも、お父様やお母様を亡くされたみなさんがお見えになっています。RENさんにとっては、共通する体験をされている方々です。お互いに「自分のときはこうだった」と話すことで、「道しるべ」のようなものを見つけていただくことはできるかもしれません。

ここでは、同じような体験をしている人どうしが集まることで、「生きる道を作っていく」ということなんです。

「男は黙って」の呪縛

まるで堰を切ったように、自分の体験を話したRENさん。実はこれまで、こんなふうに両親と死別したことやその気持ちを、人に話したことがなかったと言います。その理由について、RENさんはこう話しました。

ボクたちの世代は「男はどうあるべきか」っていう教育を受けてきたんです。「男は黙って……」というところがあって、外では泣きごとを言えない。それで、両親の死や自分が抱えているものは、友だちにも、誰にも話してこなかったんです。

さらに、あまりにもショックなできごとの連続に、RENさんの右耳はまったく聞こえない状態になっています。そのこともまた「語らない」「語れない」ことに拍車をかけていると言います。

耳が悪くなってから（同僚と）飲みに行っても、こっち（右側）の話は全然聞こえないんですよ。適当にうなずいていますが、話し声が耳の中でわんわん鳴っちゃって、本当は何を言っているのかさっぱり分からないんです。それがすごく嫌で、そういう場（飲み会など）に行かなくなりました。どうせ誰にも分かってもらえないと思うから、自分から孤立を選ぶ、引いていってるという感じです。

一方で、以前はしなかった行動をするようになったそうです。

最近では新幹線ではなく各駅停車に乗って、ひとりで遠くに行ってみたり、以前なら見向きもしなかった小さな雑草や花に気づいて、勝手に感動してみたり。六〇の男がやることじゃない「センチ」みたいなことをして、かろうじて平和を保っています。

「二・五」の死別

ＲＥＮさんにとってつらいのは、両親と死別したことだけではないのだと言います。

ボクがいま抱えている感情から抜け出せない理由のひとつは、娘のことがあるからなんです。妻が娘を連れ去って、ボクと会わせたがらなかったのはまだ分かるとして、せめて生前の母親には会わせてほしかったんです。

母にとってはたったひとりの孫ですから、病室で会わせてやってくれないかと、妻に頼んだんです。でも、それも無視され、結局、母の通夜にも葬式にも来ませんでした。そのことから立ち直れないんです。

その後、妻とは離婚が成立しました。ＲＥＮさんはいまも、娘さんとは会えずにいます。

そういう意味では、両親二人を亡くしたことに加えて、娘と会えないこともあるので、ボクにとっては「二・五死別」みたいな感じなんです。自分はなんのために頑張って仕事をしてきたのか振り返ると、結局は家族のためだったんだと思います。それなのにこうして全部なくしてしまって、孤独感と虚無感があります。生きる喜びがなく、これからどういうふうにモチベーションを持てばいいのか、すごく悩んでいます。

「二・五死別」という言葉を聞いて、もりさんが言いました。

RENさんがおっしゃったように、グリーフの原因って、必ずしも死別だけじゃないんですよね。人が亡くなった、そのこと自体よりも、置かれている環境や人間関係の中で、別の喪失が引き起こされる。いろんなことがグリーフになりうるんだと思います。

泣いてもいいし、笑ってもいい

はじめて参加した、この日のカフェの終わり。RENさんは最初よりも緊張がほぐれた様子で、「きょうはなんだかとても、みなさんから勇気をもらったということで……」と切り出すと、砕けた口調になって言いました。

ボクは若い頃から、仕事でヨーロッパの教会に行くことが多かったこともあって、キリスト教が身近にあり、ある程度勉強もしたんですよ。そのキリスト教では、信じる者は救われるとか、神の前ではみなが平等とか言うんです。でも、おいおい、全然違うじゃねぇかと。なんでオレばっかりこんな目にあうのか？　神様、もう、いい加減にしろよと！

その、飾り気のない話しぶりに、参加者からドッと笑いが起きました。「分かるわかる」「私もそう思ったことがある！」という共感の笑いです。

もりさんも一緒に笑って、こう言いました。

グリーフって暗いイメージがあるかもしれないですが、こんなふうに、みなさん、明るいところだってありますよね？　誰かを亡くすと、いつも悲しみばかりで泣いていると思われがちだけど、そうじゃない。ここでは笑いがあってもいいと思うんです。ぶっちゃけて、正直なことを言ったっていいじゃないかと思っています。

一二月のグリーフ

はじめて参加した日以降、ＲＥＮさんは毎月欠かさず、カフェにやって来るようになりました。

一二月。クリスマスや年末年始を控え、人々は浮き足立ち、街が華やぐ季節です。しかしＲＥＮさんにとっては、むしろつらい時期なのだと言います。

クリスマスは親父の命日が重なっていて、さらに両親の結婚記念日も一二月なんです。ボクにとっては、街の幸せな雰囲気がキツいです。
とはいえこの時期は、付き合いで会合に出なければならないこともあります。きのうも忘年会があり、今夜も誘いを受けています。でも、そこにいる人たちは、ボクの事情なんて知らないわけです。だからこっちも、何もないような感じでいつものふるまいをしてしまう。

そんな日の帰り道は、孤独が一層、つのると言います。

帰りの電車から家に帰るときに、気持ちがドーンとなんともいえない感じで落ちてしまうんです。外で明るくふるまったぶんが跳ね返ってくる。例えるなら、シベリアの荒涼とした景色の中を、ひとりで電車に乗っているイメージです。都会の中にいるのに、自分だけが荒野にポツンといるような感覚です。

その荒野の中で、矛盾した気持ちを抱えていると言います。

みんなが楽しそうにしている場所には行きたくなくて、どうしても引きこもりみたいな気分になってしまいます。かといってひとりにもなりたくなくて、さっさと家に帰ればいいのに、なぜかサウナに寄ったりして。わけの分からないことをしているんです。

一日五〇回は思い出している

RENさんのグリーフは、日常生活の様々な場面に影響を及ぼしています。

こんなこと、ここでしか話せませんが……母親が通っていた病院が御茶の水にあるんですけど、母が亡くなって以来、その周辺に一度も行っていない、というより行けないんです。いろいろ思い出してしまうから。用事があって御茶の水に行くのに、病院を見るのが嫌だから、わざわざ神保町で降りて病院が見えない道を選んで行くとか、そんなことをしてきました。

情けないことに、母親の物は歯ブラシの一本さえ、捨てられずにいるんです。

月日が経っても悲しみは癒えなくて、（両親との死別を）一日五〇回は思い出していいます。できることならもう一度両親に会いたいなって、痛切に感じながら生活しています。

カフェは「自分は孤独です」と言える場所

そんなRENさんにとって、カフェはどんな場所になっていったでしょうか。およそ一年間、毎月お話を伺った中から、抜粋してご紹介します。

普段、自分は孤独であるということを分かっていながら、見て見ぬふりをして生きているんですね。そこを見ないように、一生懸命ごまかして生きている。でもそうすると全然癒されないし、苦しいんです。

ところが月一回、ここに来ると、自分が孤独であることを直視しても共感できる人たちがいるから、勇気を持てる。ここにいる時間だけは「自分はひとりなんだ」「孤独なんだ」と言える。そのことが苦痛ではないんです。

カフェでの出会いに大きな影響を受けていると言います。

ここに来れば「お仲間」がいる。みんなひとりひとり、頑張って耐えているんだなと分かって、力をもらいました。

みなさんとは性格も生い立ちも違うので、本当に分かり合うことはできないのかもしれない。そういうあきらめや達観がありながらも、こうして本音をしゃべれているのは、誰にも、何も話せなかったいままでの人生に比べたら、幸せなことです。

悲しみをポケットに入れて

そして以下は、RENさんがカフェに参加し始めてちょうど一年が経とうとするときにお話しされたことです。

ボクはみなさんとは性別も年齢も違うんですけど、one moment family（一瞬の

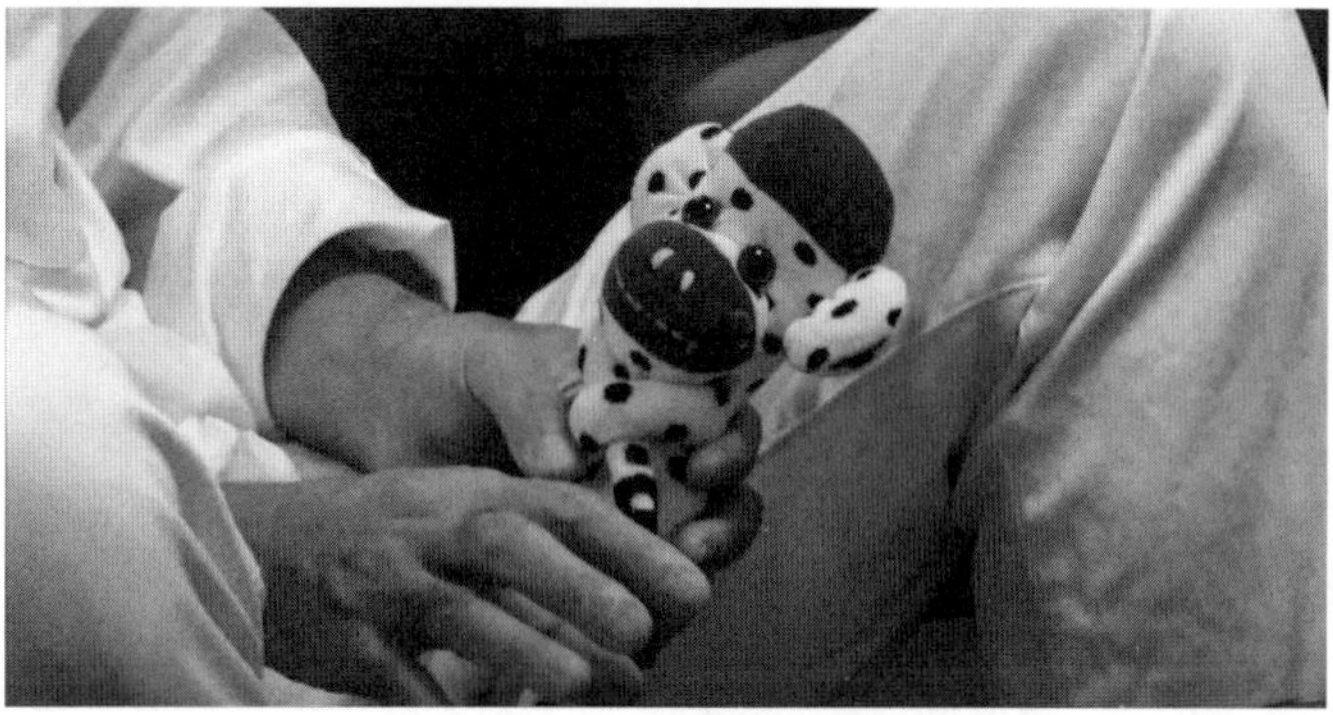

カフェの参加者（番組より）

家族）みたいな感覚です。気持ちを共有してくれる人たちがいて、聞いてあげられる自分もいる。この場が生きる糧になっています。

過去は変えられない。ボクたちは「背負ってしまった」んだと思います。それでも生きなければならない。そのためには、この悲しみをどのポケットに入れるかだと思うんです。それによって人生が変わってくる。自分が向こうに行ったとき、両親にいい報告ができるように生きていきたいです。

ここまで、まずはRENさんのお話をお聞きいただきました。

「分かるなぁ」と感じる点。「自分とは少し違うなぁ」と思う点。考えさせられることや気づかされることなど、あったかもしれません。加えて、カフェがどんなところなのか、雰囲気を少しでも感じ取っていただけるとさいわいです。

次の参加者のお話に移る前に、ここまで何度か登場しているファシリテーターでNPOの創設者でもあるもりさんが、なぜこのカフェを作ったのか、お伝えしたいと思います。

[コラム]
「グリーフ」と「グリーフカフェ」

RENさんの「二・五の死別」のお話の中でもりさんも言っていましたが、グリーフは必ずしも、大切な人との死別によってのみ引き起こされるものではありません。

病気にかかったり、借金を負ったりしたとき。DVやパワハラ、セクハラを受けたとき。育児や介護による孤独感を抱えたときなど、「以前の自分とは違ってしまった」と感じたときにも生まれます。

ほかにも卒業や転校、転職、引っ越し、離婚や失業などによって、環境が変わったり、人間関係が失われたりしたとき。大切なペットとの別れや、愛着のある服や食器が壊れたり、なくなったりしたとき。つまり、様々な「喪失体験」によって、グリーフが引き起こされるのです（参考：「暮らしのグリーフサポートみなと」ＨＰ）。

その中でも特に、死別によるグリーフを抱える人に寄り添う支援として行われているのが「グリーフサポート」で、グリーフカフェもそのひとつです。当事者どうしが語り合う場はほかにも「自死遺族の会」「分かち合いの会」といった名称で、各地で開かれています。その数はまだ十分とはいえず、形もその場所によって様々ですが、みなさんの地域にもそのような場があるかどうか、調べてみるのもいいかもしれません。

カフェを作った「もりさん」のお話

夏の日のことです。ひとりの女性が、憔悴した様子でカフェにやって来て、こう尋ねました。

「ここでは、泣いてもいいんですか?」

聞けば、突然の事故で息子さんを亡くしたのだと言います。もりさんは、うなずきながら答えました。

「泣いても怒っても、なんでもいいんです」

そして、こう続けました。

きっといま、広い海の中に、小舟か何かに乗せられて、ぽつんと放り出されたような気持ちではないでしょうか。北に行けばいいのか、南に行けばいいのかも分からない。そもそもどっちが北でどっちが南なのかも分からない。

私も、長男を亡くしたときはそうでした。

もりさんもまた、息子さんを亡くしているのです。

グリーフカフェは、いわゆる「ピアサポート」の場です。

「ピアサポート」の「ピア（peer）」は英語で「仲間」「対等な者」という意味。どちらかがどちらかを支えるのではなく、同じような経験をしたり、似た課題を抱えたりする人どうしが、お互いを支え合うのがピアサポートです。

つまり、グリーフカフェでは参加者だけでなく、サポートする側のファシリテーターも、全員が大切な人を亡くす経験をした、当事者なのです。

ここでは、もりさんがなぜＮＰＯ法人「暮らしのグリーフサポートみなと」を設立し、このカフェを開くことになったのか、もりさんがカフェや各地の講演でお話しされたことに、筆者の取材を交えてお伝えします。ここまでは「もりさん」と、カフェでのニックネームで記してきましたが、ここでは、実際にあったできごとととともに「森さん」と、実名で表記します。

想像もしなかったことが起きた

森美加《もりみか》さん。五〇代の女性です。

生まれは福岡で、二歳のときにお父さんを亡くし、母ひとり、子ひとりの家庭で育ちました。

地元の高校を卒業後、就職。結婚し、三人の男の子に恵まれました。自宅と同じ敷地内には義父母も住んでおり、森さんは仕事をしながら、育ち盛りの子どもたちの母として、妻として、そして「森家の嫁」として、忙しい毎日を送っていました。

ところが二〇〇六年一〇月一一日、森さんが三六歳のとき、思いもよらないことが起きます。長男の啓祐《けいすけ》くんが、自宅敷地内の倉庫で、首を吊って亡くなったのです。近くには遺書がありました。

「お母さん　お父さん　こんなだめ息子でごめん　今までありがとう。いじめられて、もう生きていけない」

中学二年生。一三歳でした。
啓祐くんは小学校の六年間、全国一位になるほどの学校でバレーボールに打ち込んだ努力家です。厳しい練習にもくじけない、母親である森さんから見ても「精神的にも肉体的にも鍛えられた子」だったと言います。家では弟たちから慕われる優しいお兄ちゃん。自ら命を絶つなど考えられないことです。

一体何が起きたのか、わけが分かりませんでした。あまりのショックで、あの日のことは、ところどころ記憶が抜け落ちています。どうやって救急車を呼んだのか、どのように息子が運ばれて行って、どうやって家に帰って来たのか、いまも思い出せないんです。それなのに、息子を見つけて人工呼吸をしたときの「におい」だけは強烈に覚えていて、消えずに残っています。

あまりに突然のできごとを受け止められないまま、はじめはお通夜やお葬式を執り行うことに精一杯で「とにかく、淡々とこなしていくしかなかった」そうです。ところがやがて、弔問に来てくれた啓祐くんの友人たちの話などから、思いがけない事実が見えてきました。

啓祐くんは、学校でいじめられていたのです。毎日のように「死ね」「うざい」「消えろ」と言葉の暴力を受けていました。亡くなった当日は、同級生からトイレで詰め寄られ、ズボンを脱がされそうになっていたことも分かりました。

当時の心境について、森さんはこう振り返ります。

不思議と涙は出ませんでした。悲しみより、ものすごい怒りがありました。どうして息子が、このような死に追い込まれなければならなかったのか。当時の記憶はあいまいなことも多いんですが、猛烈な怒りがあったことははっきり覚えています。

生活が一変する

事件が報じられると、すぐにマスコミが大挙して押し寄せてきました。中学二年の少年が、いじめを理由に、遺書を残して自死したというできごとはそれほどショッキングで、社会に大きなインパクトを与えたのです。

森さんの自宅前には、遺族の姿や声をキャッチしようと、記者やカメラマンが二四時間、張り付きました。森さん一家にとってはもちろん、地域の人たちにとっても経験したことのない日々が始まりました。

異様な状況が二週間ほど続いた頃、森さんの夫は会社に、息子たちは学校に復帰していきました。しかし森さんは仕事に戻ることができませんでした。

家族を送り出した後、私はカーテンを閉め切って、ひとりで家の中にいました。何もしたくない、誰とも接したくない。畳一畳ぶんくらいのスペースから一歩も動かずに過ごしていました。その様子を見た親族は、私のことを「死ぬんじゃないか」と思ったそうです。事実、私も自分が死ぬかもしれないと思っていました。会社や学校に復帰していく家族を見て「自分だけが取り残されてしまった」とも感じていました。

真相究明のための戦い

そんな森さんを、かろうじて現実につなぎとめていたのは、真実を知り、明らかにしなければならないという使命感です。

一体なぜ、啓祐くんが命を落とさなければならなかったのか——。問いただしても、学校側は協力的ではありません。森さんは真相究明のために戦いました。後押ししてくれる弁護団との出会いがあり、マスコミにも味方になってくれる人たちが現れました。

やがて森さんは一大決心をします。それまで取材を受けても伏せていた自分の名前と顔を公表し、さらに啓祐くんの写真も公開して、ことの重大さや遺族の思いを、メディアを通じて訴えたのです。

その過程で、いくつもの変化が起きました。

文部科学省（以下、文科省）による調査が始まり、森さんの話を聞くため、自宅に国会議員がやって来ました。

町の教育委員会が第三者調査委員会を設置しました。そのあり方やメンバー構成は、決して納得のいくものではありませんでしたが、最終報告書はいじめがあったと認定し、自殺との因果関係に踏み込むものでした。

学校に警察が入り、事情聴取が行われ、加害者となった子どもたちが書類送検されました。

文科省が所管する機関から、自殺した子どもの遺族に支払われる「死亡見舞金」制度の問題点を指摘すると、実に半世紀ぶりの改正が行われました。

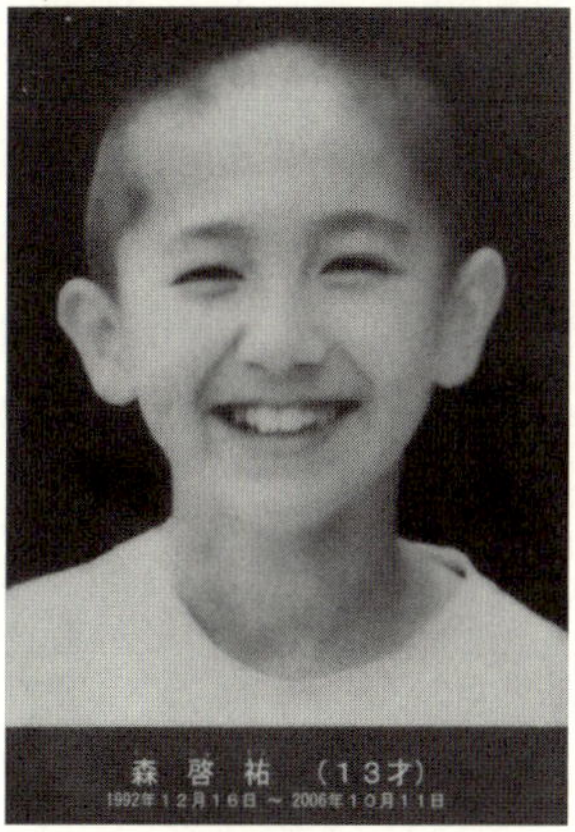

森さんが公開した啓祐くんの写真
（提供：森美加さん）

森さんの訴えによって、国や社会が動いたのです。

その頃はとにかく「前へ、前へ」でした。世の中が動いたことで、自分たちが社会を変えられる、変えていくんだというふうに、気持ちが非常に「高く」なっていたと思います。

やがて森さんは講演活動を始めます。九州各地の小中学校に赴いて、子どもたちや保護者に自分自身の経験を語り、どうしたらいじめをなくせるかを問いかけました。「外に向かって動き出すことで、少しずつ気持ちが切り替わっていくような気がしていた」と言います。

三回忌に訪れた「異変」

ところが、異変が起きました。

息子の三回忌を前に、急にダメになってしまったんです。気持ちが急激に落ちて、仕事に集中できないし、外にも出られなくなってしまいました。

つらい経験から立ち直り、前向きに活動しているように見えていた森さんの、突然の異変です。原因は、いくつかあるように思われました。

講演活動のために中学校に行くと、制服姿の男の子たちをたくさん目にすることになります。するとどうしても、息子のことを思い出して、姿がダブってしまうんです。帰り道では、息子はもうこの世にいないんだということを実感させられて、ものすごい喪失感におそわれることがたびたびありました。

もうひとつは「地域で孤立したこと」です。

啓祐くんは地元の中学校でいじめられ、亡くなりました。裏を返せば、同じ地域にいじめた本人もその家族もいます。森さんたちが真相を究明しようとすることは、真実を隠したい学校だけでなく、加害者となった子どもたち、その家庭を敵に回して戦うことでもありました。

森さんがメディアを味方につけて成果をあげたり、講演活動をしたりするほど、近所からはこんな声が聞こえてきました。

「自殺した子どもの親が、あんなふうに声を上げるなんてみっともない」

「子どもが自殺したのは、やっぱりああいう親の責任なんじゃないか」——。当時はまだSNSはありませんでしたが、誹謗中傷の手紙が投かんされたり、電話がかかってきたりもしたそうです。

私たち家族は「孤立状態」になってしまいました。地域に見放されたような状態でした。それでも、ここで生きるほかはなかったんです。

自分を責める気持ち

そしてもうひとつ、時が経つほど、森さんの中で膨らんでいくものがありました。啓祐くんが亡くなったことについて「自分を責める気持ち」です。

息子が亡くなったことの原因が、いじめであることは分かっていますし、実際それを前提として活動していたわけですが、じゃあ親の責任はまったくない、ゼロパーセントかというと、やはりどうしてもそうは思えなかったんです。

母親として、どうして息子の変化に気づいてあげられなかったんだろう。なぜ、息子は自分に話してくれなかったのだろうと考えていました。

そのうちに、思い当たる点があったと言います。

私はそれまで、あの子は長男だからしっかりしている、母親が細かく言ったり聞いたりしなくても、自分でなんでもできると思っていたんです。そのうえ「長男のことは、母親である自分が一番よく分かっている」「完全に理解している」と自信満々で、疑うこともしていませんでした。

あの日の朝も、私は忙しくて、背中を向けて息子を見送ってしまいました。日ごろからもっと注意深く息子を見ていれば、変化に気づいたかもしれないんです。そうすれば、命を助けられたんじゃないかと思うんです。

啓祐くんの遺書は「お父さん　お母さん」ではなく「お母さん　お父さん」で始まっていました。きっと母親である自分に、一番分かってほしかったに違いない――。
そう考えると、森さんの胸はつぶれました。

さらなる後悔

さらに、森さんにはずっと後悔しているできごとがありました。

実は前出の遺書が見つかる前、森さんはとっさに探った学生服のポケットから、啓祐くんが書いたもうひとつの遺書を見つけていました。

その中に、こんな一文があります。

「生まれ変わったらディープインパクトの子供で、最強になりたい」

息子は馬が好きだったんです。私に「ディープインパクトの騎手になりたい」「馬を育てる仕事がしてみたい」と話し、騎手になるには体重制限があるからと減量したり、目がよくないといけないからと、急にブルーベリーばかり食べたりし始めたんですよ。

それに対して私は「何を非現実的なことを言っているの？」と、厳しい態度で「もうすぐテストでしょ？」「来年受験なのよ？」と怒ったんです。息子が亡くなる一カ月ほど前のことでした。

本当はこのとき、啓祐くんはほかに話したいことがあったのではないかと、森さんは言います。

子どもって、あえて現実離れしたことや単純な質問をして、大人を試すことがありますよね？　大した答えが返ってこなかったり、威圧的なアドバイスが返ってきたりしたら「重要なことは、この大人には話せない」と判断すると思います。もし自分が、SOSを出そうか悩んでいる子どもだったら、当時の私の態度を見て「この親には本当のことを言ってもダメだな」と感じたと思うんです。

もしかすると啓祐くんは、いじめられていることを話したかったのかもしれない。自分が違う接し方をしていたら、話してくれたのではないか——。

あのときどうして「そうなんだね、馬に関わる仕事につきたいんだね」と、耳を傾けなかったのか。それどころか、私は息子を、自分が敷くレールにのせようとしたんです。そのほうが親としては楽だから。

学校側と戦い、口では「真実を知りたい」と言いながら、心の中では「自分は子どもに寄り添えない、最悪の母親だった。こんな親だから息子は自殺したんだ」と、ずっと考えていました。

誰にも気持ちを話さなかった

ところがそのような気持ちを、森さんは誰にも言わずにいました。ひとつには、いじめによる自殺で子どもを亡くした遺族ならではの事情があります。

子どもをいじめによる自殺で亡くした親は私たちだけではありません。各地で親御さんが、加害者側や学校と戦い、責任を追及しています。そんな中で、被害者の親である私が「いじめに気づかなかった私のせいだ」と責任を認めてしまっては「やっぱり親が悪いんだ」となってしまう。ほかの遺族の方々に影響が及ぶことを考えると、とても言えませんでした。

もうひとつは、身近な家族や親族の中に、自分の正直な気持ちを話せる場も雰囲気もなかったことです。

啓祐くんが亡くなった直後から、森さんはこんなふうに言われていました。

「あなたがフルタイムで働いて忙しくしていたから、子どもの自殺のサインに気づかなかったんじゃないの？」――。

誰よりも自分を責めている森さんに追い打ちをかける言葉です。その頃の家の中や心の状態について、森さんはこう語ります。

三人の子どものうちひとりがいなくなったことは、私にとってはすべての子どもを失ったのと同じくらいの、まるで体の一部がもぎ取られたような、自分自身がなくなってしまったかのような、つらく悲しいことでした。

ところが家の中では「母親なんだから、泣いてばかりいないで、元気でいなくちゃダメよ？」「子どもはあと二人いるでしょう？　その子たちのためにも、母親のあなたがしっかりしなくてどうするの？」などと言われていました。

聞きようによっては励ましのようにも聞こえますが、森さんには苦しさを強いる言葉でした。実はその頃、森さんが繰り返し考えていたことがあります。

下の弟たちのことが不安で仕方なかったんです。この子たちがお兄ちゃんの年齢（一三歳）を超えて生きてくれるのか。この子たちまでいなくなってしまうんじゃないかと、本気で怖かったんです。

普通に考えれば起こりえないことが、深刻な恐怖として感じられるほど、心は不安定になっていました。

でも、そんなことを口にすれば「縁起の悪いことを言うな」「バカじゃないのか」などと言われそうなので、絶対に言えませんでした。

私は「母親は明るくしていなければならないのだ」「暗い顔をしてはいけないのだ」と思うようになっていたんです。

家族がいても孤独だった

当時のことを、森さんはこう振り返ります。

私は家族があっても孤独だったんだと思います。家族に、自分の気持ちを言えなかった。家族があることによって、一番近い人と悲しみを分かち合えない寂しさが、一層際立つように感じられました。

本来は一番安心できるはずの家庭で、むしろ悲しみは深まったのです。

こんなとき、数少ない肉親で、「人生の道しるべのような存在だった」という実のお母さんを頼れればよかったのですが、お母さんは二年前、病気の末に他界していました。

言うに言えない悲しみや自責の念。「母親はこうあるべき」「自死遺族はこうあるべき」といった暗黙のルールのようなもの。ジレンマは膨らみ続け、三回忌を前に、森さんを押しつぶしたのです。

自分が自殺したくなる

森さんの苦しさは、限界に達しました。

三回忌の頃にはもう自分が自殺したくてたまらなくて、高い場所に立っているときや、線路を見ているときなど、吸い込まれそうになりました。自分をコントロールできず、不意にいきそうな感じがして怖かったです。

追い詰められた末、森さんはひとつの決断をします。住み慣れた街を離れることにしたのです。行き先は、それまで縁のなかった東京でした。

このとき、森さんは家族と離れ離れになることを選びました。事情があって、ここで詳しく書くことはできないのですが、いくつかのどうにもならない理由で、残された子どもたちを福岡に置いていかなければなりませんでした。森さんはそのことが「とてもつらかった」と言います。

思い悩んだ末の、ギリギリの選択でした。

過去にふたをする

東京で、森さんは新しい生活を始めました。子どもたちと離れ、勝手が分からない土地でのスタートでしたが、楽になった部分もあったと言います。

地元では、自殺した子どもの親としていろんな批判や陰口が聞こえてきました。でも東京には私を知る人はいませんから、自分から言わない限り詮索されることもなく、誰もが私を「森美加という、普通の、ひとりの人間」として見てくれました。そのことが、とてもありがたく、気楽でもありました。

森さんはようやく、少し息ができるようになりました。そしてこの環境を、できるだけ維持したいと考えました。

もしここで息子を亡くしたことを話せば、自分自身が傷ついてしまうと思いました。私の話を聞かされた相手だって、きっと不快な思いをするだろうとも思いました。その頃の私は「息子のことを話さなければ、悲しみも生まれない」と思っていたんです。

そこで森さんは、東京では何も言わずにおこうと決めました。息子さんを亡くしたことを周囲に隠したまま、専門学校に通い、ケアマネージャーの資格を取って「明るく快活に」働きました。過去に「ふた」をしたのです。

ところが、ふたをしたはずのものは、ふとした瞬間に頭をもたげました。

街で息子と同じ世代の子を見ると「生きていれば大学生だったな」などと考えました。職場に息子と同い年の男の子が入ってきたときは「息子も生きていれば働く年齢だったんだな」と想像しないわけにはいきませんでした。

一番つらかったのは、友だちから「お子さんは何人ですか?」と聞かれ、「二人です」と答えなければならなかったときです。本当は三人なのに、長男を亡くしたことは誰にも言っていないので「子どもは二人」という前提で話さなければなりません。それは苦しいことでした。


やがて、森さんの心を激しく揺さぶる事件が起きます。

上京して三年ほどが経った二〇一一年。滋賀県大津市で、中学生がいじめを原因として自殺したのです。


ニュースに接した瞬間、ぶわーっといろんなことが押し寄せてきました。自分では過去にふたをしたつもりだったのに、ふたが開いてしまった感じでした。混乱して、すごくショックで、もう生きられないとさえ思いました。

職場では平気な顔をして明るくふるまっているのに、家に帰って大津の事件のニュースを見ると、反射的にテレビを消して、ひたすら泣いていたんです。

亡くなったのは啓祐くんと同じ中学二年の男の子。その日付は、啓祐くんが亡くなったのと同じ、一〇月一一日でした。

グリーフとの出会い

住む場所を変え、過去を封印しても、消えないもの。

その正体が分からないまま、森さんはある日、ケアマネージャーとして、担当している高齢男性のもとを訪れました。

病院に関することなど、事務的な手続きのために訪れていた森さんに、男性はなぜか、こう切り出したのです。

「妻です」と言ってふすまを開けると、そこには三年前に亡くなった、奥さんの仏壇があったんです。男性は奥さんの思い出話をしました。近所でも入院先の病院でも人気者だったこと。一緒にドライブに出かけたこと。亡くなってからは語り合う相手がいなくなり、街で高齢の夫婦が楽しそうにしているのを見るのがつらいこと……。

森さんは、黙って耳を傾けました。本来なら一時間ほどで済むはずの訪問が、いつのまにか二時間を超えていました。語り終えた男性は、とてもホッとしたような表情で、森さんの手を取りました。そして「きょうは妻の話を聞いてくれてありがとう」と言うと、涙を流しました。

職場に向かって自転車をこぐ帰り道。森さんの心が何かを告げていました。

ハッとしました。「あの頃の私だ」と思ったんです。私もまた、孤立して周りに気持ちを話せる相手はいませんでした。私もこんなふうに、誰かに思い出を話したかったんだ。いまあるつらい気持ちを、ただそのまま、誰かに聞いてほしいと、ずっと思っていたんだと気づきました。

その晩、森さんは「家族」「亡くした」「気持ち」などと入力し、インターネットを検索してみました。すると、大切な人を亡くす経験をした人どうしが集まり、語り合う場所があることが分かりました。世田谷区の一般社団法人「グリーフサポートせたがや」です。

思い切って訪ねて行った日のことを、いまも鮮明に覚えています。

衝撃でした。それまでは家族にさえ話せなかったこと、人には決して話さないようにしていたことが、あふれるように自分の中から出てきました。どうしてこんなに話せるんだろうという驚きと、感じたことのなかった、とてもホッとした気持ちになりました。

こうして森さんは、自分自身の「グリーフ」と出会いました。

それは長年閉じ込めてきた気持ちを解放した瞬間でした。

啓祐くんを亡くしてから、一〇年が経っていました。

悲しみを抱いていていい

森さんは、いくつものことに気づきました。

私はそれまでずっと「いつかリセットボタンを押せる日が来る」と思っていたんです。この悲しみを我慢していれば、いずれは消えてなくなり、息子を亡くす前の、元気な自分に戻れると思っていました。この悲しみを拭うためにはどうすればいいのか、そればかり考えて、必死にもがいていたんです。

しかし「それが全然違っていたと気づいた」と言います。

この悲しみは、拭うことはできないし、死ぬまで持っていくものなんだと。しかも、その悲しみを抱いたまま生きていっていいんだと。悲しみを消せなくても、前の自分に戻れなくても、ここからまた生きていくことはできるんだということに気づきました。

そして、自分の奥底にあった意識に、思い至ったそうです。

実は誰よりも私自身が「否定」していたんですよ。息子が自殺したという事実も、自殺した息子本人のことも、自殺という行為そのものも。息子を亡くした私自身のことさえも。実際に起きたことなのに「それでも、自分は違う」と思いたかった。ずっと「なかったことにしたい」と思っていたんです。

けれどもありのままを語るうち、事実を受け入れる心の準備ができていきました。そうすると、ずいぶん楽になったんです。

グリーフサポートとの出会いは、自分自身の過去を受け止めることでもあったのです。

喪失の中で得るもの

森さんに、小さな光が差し込んできました。

グリーフサポートに触れて、同じような悲しみを持っている人たちとつながることができました。息子を亡くしてから、失ったもののことばかり考えていましたが、はじめて、大切なものを得たと感じることができました。

さらに、こんなことも思ったそうです。

もっと早くこういう場所に出会っていれば、と思いました。つらくて自分も死んでしまいたくなるような思いや、自分を責める気持ちを、ありのままに解放できていたら、こんなに時間がかからず、もっと楽に自分の気持ちと折り合いをつけられていたんじゃないかと思うんです。

港区にカフェをオープン

この体験がきっかけとなり、森さんは自分が暮らす港区で、グリーフカフェを開くことにしました。

かつて自分が孤立した地域のことも、孤立してしまった自分のことも、ずっと嫌でした。でも本当のところは、あの地で生きたかったたし、どうやったら生きられたのか、ずっと考えていたんだと思います。

時を経たことで、見えてくるものもありました。

私たち家族はあの頃、子どもを亡くしてどういうふうに地域で過ごしていけばいいのか分かりませんでした。しかしいま思えば、地域の人たちもまた、私たちにどう接すればいいのか分からなかったんだと思うんです。

森さんは「それも無理のないことだ」と言います。森さん自身、啓祐くんのことがあるまでは、「自殺」と聞いても、他人事だと思っていたと言います。

二〇〇六年一〇月一一日に息子が亡くなった後、次の日もその次の日も、子どもが自殺していくニュースがあるので、私はとても驚きました。息子の件が大々的に報道されたので、その影響で連鎖が起きてしまったのだろうかと思いましたが、そうではありませんでした。

この国ではずっと前から、子どもたちが自殺していたんです。そのことに、息子が亡くなってはじめて気づいたんです。それまで私が何も知らず、関心を寄せてこなかっただけだったんです。

もしあのとき亡くなったのが、我が子ではなく、近所にあるよその家の子どもだったとしたら、自分はどうしていただろうか――。

立場が違っていたら、私だって同じだったんじゃないかと思ったんです。「あのおうち、かわいそうだね」くらいは言ったかもしれませんが、それ以上関心を寄せることはしなかっただろうと。

そこで森さんは、こう考えるようになりました。

地域で事件があったりすると、どうしても遺族は注目されます。でも、遺族はその後も、そこに住み続けていかなくてはいけないんです。

大切な人が亡くなるとはどういうことなのか。周りがどうやって見守り、サポートするか。グリーフを抱えている人が変わるのではなく、地域の私たちが理解して、住み続けられる環境を作っていきたいと考えました。

森さんのこの考えに、多くの人たちが賛同してくれました。港区のお寺の住職さんが協力してくれたり、地元の心ある人が、カフェを開くための場所を貸してくれたりしました。かつて地域で孤立し「逃げるように東京に来た」と語る森さ

カフェで語る森さん（番組より）

んが、地域の人に支えられ、力を合わせることになったのです。

森さんは二〇一七年にNPO法人「暮らしのグリーフサポートみなと」を設立、グリーフカフェをオープンしました。

もうひとつの別れ

この間、森さんに寄り添い、支え続けてくれた人がいます。その頃、事実婚の関係になっていた、パートナーの男性です。

森さんの事情を深く理解し、森さんが気持ちを閉じ込めることなく、自分自身の人生を生きることを応援してくれました。

カフェを開きたいという森さんの夢を知ると、ＮＰＯの設立について勉強し、実現に向けて奔走。手続きや関係各所への説明などを一手に引き受けてくれました。

本当に頼りになる人でした。かと思えば泣き上戸で、少しのことに感動してはすぐ泣くんです。ＮＰＯに関わる人たちはみんな、そんな彼を慕っていました。

しかしその頃すでに、彼の体は病に侵されていました。

残された時間が少ないことを知りながら、最後まで走り続け、カフェのオープンを見届けた一年後、彼は天国に旅立ちました。

いまも彼のことを語るとき、誰もが「本当に素晴らしい人だった」と、涙を浮かべて話します。そういう人でした。

森さんの手元には、彼がＮＰＯを作るために記した手書きのノートが、宝物として残されています。そして彼がかわいがっていた犬が、いまも森さんに寄り添っています。

息子の人生を受け入れる

森さんは父を亡くし、母を亡くし、息子を亡くした後、パートナーを亡くしました。いまの心境を、カフェでこんなふうに語っています。

グリーフがなくなることも、息子を亡くしたことについて、自分を責める気持ちが消えることもありません。毎年一〇月、息子の命日が近づくと、いまも気持ちが落ちてしまいます。これはもう一生、抱えて生きていくのだろうと思います。

でもこうしてみなさんと出会い、話すことを続けてきて、もともとのグリーフが大きなスーツケースくらいの大きさだったとすると、いまはトランクやハンドバッグくらいのサイズになったのかな、という感じがしています。

啓祐くんに対しても、気持ちのありようが変化してきたそうです。

息子を亡くして最初の頃は「こんなつらい思いをするんだったら、息子なんか生みたくなかった」って思っていました。どうして自分だけ、こんなことが降りかかってくるんだろう、息子が自殺しなければ、こんなに不幸にならなかったと思ったこともあります。でもいまは、息子と家族になれたことはすごくよかったと思うようになりました。

そこには、母親としての森さんのまなざしがあります。

息子は一三歳で亡くなりましたが、その一三年を否定する必要はまったくないと思うようになりました。彼の一三年間の生き方を認める、受け入れることが大事だなと。それというのも、彼は一三年の中で、いろんなことを教えてくれました。私を、お母さんにしてくれました。

カフェを開くにあたり、森さんが啓祐くんに宛てて書いた手紙があります。

啓くんへ

啓くん、あなたが亡くなって今年の一〇月で一一年を迎えます。

あなたは二四歳、一二月には二五歳を迎えますね。いまどうしていますか？　元気に暮らしていますか？　病気はしていないですか？

おばあちゃんにはもう会えましたか？　さみしい思いはしていませんか？

あなたと違う世界で暮らし、話はできなくても、あなたは今でも私の子どもだと、あなたに会いたいと、いつも思っています。

私はあなたが亡くなって、すべてが嫌になりました。死にたいとも思いました。なぜ生きなければならないのかと考えました。

でもいま、悲しみの中にも光があり、ともに悲しみ、ともに歩める友ができました。いまの自分を大切にしながら生きています。

ただ、いまもあなたと同じ苦しみで亡くなる子どもたちが、後を絶ちません。どうかあなたの笑顔で、たくさんの子どもたちに寄り添ってほしいと願っています。

伝えられなかった「生まれてきてくれてありがとう」。いつか、私もあなたのもとに行くとき、その言葉を、あなたに会って伝えたいと思います。

啓くん、そのときまで、またね。母より。

「来てください」とは言いません

森さんは参加者に「カフェに来てください」と積極的に呼びかけることはしません。グリーフを抱えていれば、家の外に出ることすらつらいときがあるのは当然のことです。逆に「きょうは調子がいいから買い物に行けそうだな」という日は、むしろ買い物に出かけてほしいと言います。カフェに来なくても元気で過ごせるなら、それにこしたことはないのです。

ただ、カフェを「お守りのような場所だと思ってほしい」と言います。

参加しても、しなくてもいいんです。ただ、何かの折には「こういう場所がある」ということを、思い出してほしいんです。本当につらくなったときや、誰かに話したい、誰かの話を聞きたくなったとき、行く場所がある。それを知っているだけでも、ちょっと安心できると思いませんか？

〔コラム〕

「家の近所が一番怖い」

森さんが、港区でグリーフカフェを開いた理由のひとつが、自分自身が、生活していた街で孤立してしまった経験です。

実は、グリーフを抱えたことで、自分が生活する地域がつらくなってしまったというお話は、ほかの方もされています。

お子さんを事故で亡くした女性は、子どもを通じて付き合いのあった人たちが近所にたくさんいて、一歩外に出ると「子どもを亡くした人だ」という視線を感じてつらいと言います。「家の近所が一番怖い場所、行きたくない場所になってしまいました」。

また、亡くなったお子さんにきょうだいがいて、その子らの学校行事に顔を出すのもつらいそうです。「みんな、うちのことを何か噂しているんだろうな」という「想像や妄想」が起きてしまうそうで、行事への参加は「〝地雷〟を踏みにいくこと」だと例えました。

森さんも、亡くなった啓祐くんの弟さんたちの授業参観などに行くことが「とてもイヤだった」と言います。運動会にも行きたくないので「リレーの選手になんか、選ばれないでよ！」と思っていたそうです。

森さんもお話しされていますが、グリーフを抱える人やそのご家族を、周りの人がどのようにサポートするかは、これからみんなで考えていかなければならないことだと感じます。

第二章　家族を亡くした人のお話　パートⅡ

母を亡くした女性のお話――きどさんの場合

一二月。年の瀬が押し迫ったある日のカフェに、ひとりの若い女性がやって来ました。トーキングスティックを握ると、はじめから泣いています。

ずっとそばにいてあげることができたし、最期を一緒に過ごすことができたぶん、突然（家族を）亡くされた方より、自分は恵まれていると思います。でもやっぱりまだ、自分の中では全然、整理がついていないんだなと発見することがいろいろとあって……。

きどさん。三〇歳の女性です。
彼女の身に何があったのか、まずはお話を聞いてみましょう。

母がいない「パラレルワールド」に来た

きどさんは東京生まれの東京育ち。家族は両親と兄でしたが、きどさんにとっては、お母さんが特別な存在だったと言います。

ひとりっ子ではないのに、まるでひとりっ子のように育ちました。どこに行くのも一緒で、母との時間や関係はものすごく密でした。すごく愛された記憶があり、私にとっての家族は「母が九九パーセントを占めている」という人生でした。

そんな最愛のお母さんに病気が見つかり、入院することになったのは、その年の一月のこと。まだ五〇代でした。

その時点できどさんは、お母さんが亡くなることなど「考えたこともないし、考えたくもない」という心境で、お母さんがいずれ退院し、帰宅した後のサポートのことなどを考えていたそうです。

しかしお父さんやお兄さんの態度から、少しずつ状況を察していきました。やがて医師から「桜が咲くまではもたない」と告げられます。

自分のことを「病的なマザコン」だと言うきどさん。

「絶望しかなく、頭の中が真っ暗のような、放心に近い状態」になったそうです。きどさんは仕事を辞めました。お母さんの病室に通い、一日じゅう付き添う毎日が始まりました。医師から「見られない」と言われた桜の花を買ってきて、お母さんが入院している個室に飾り、マスキングテープで壁に満開の桜を表現して、一緒にお花見をしました。

母はとても頑張ってくれて、当初の診断を超え、そのあとの母の日も一緒に過ごすことができました。家族以外は面会をお断りしていましたから、だんだんやせ細っていく母を、私だけが毎日、そばで見ていました。

八月。別れのときがやって来ました。きどさんは火葬場の情景をよく覚えているそうです。

（ご遺体が）炉に入る瞬間まで（母に）しがみついて、兄に引きはがされました。母が骨になって出てきたとき、それでもいとおしいと思いました。

それから四カ月。きどさんはいまの心境をこう語ります。

母を亡くしたことで、自分のすべてを失ってしまった、何もかも変わってしまったみたいになりました。周りはそのままなのに、母だけがいない「パラレルワールド」に、突然、来てしまったような感覚です。

そう言って、きどさんは泣きました。

広い海で目印を見つける

もりさんが、自分自身の体験をもとに、語りかけました。

私は子どもを亡くしたとき、広い海にひとりでポツンと投げ出されたような感じがしました。浮き輪だけはあるけど、右に行けばいいのか左に行けばいいのか、クロールがいいのか平泳ぎがいいのか、何も分からない。きどさんもいま、きっとそういうイメージの中にいるんじゃないかと思います。

そしてこの日も、カフェについての大切な話をしました。

ここに来たからといって、グリーフが消えたり、乗り越えられたり、急に解決することはありません。でも、自分より先に同じような体験をした人の話を聞くことで「私はいま、とても混乱しているけど、一年後はこういうふうになるのかもしれないな」と想像したり、「グリーフを抱えているときは、こういう言葉に傷つくことがあるんだな」と心構えをしたりすることはできます。
投げ出された海の上で、分からないなりにちょっと進んでみれば、岸が見えたり、船に遭遇したりするかもしれない。そういう「目印」を見つけてもらうことは、できるかもしれないと思うんです。

そしてこう続けました。

グリーフを抱える前の自分に戻ることはできないですが、この場から変化していくことは可能なのかなと思います。そのために、気持ちを解放することが大事なんだと思います。

私のことは放っておいて

お母さんに残された時間が長くはないと分かって以降、きどさんの心は激しく揺れ動き、変化してきたと言います。

最初の二、三カ月が一番つらかったです。どうしたらいいか分からなくて、その事実（残された時間が少ないということ）を口にすることさえできませんでした。

ところがやがて「いてもたってもいられなくなった」そうです。

私は、家族である父と兄には自分の気持ちを話すことができませんでした。そこで母の友人たちにたくさん話を聞いてもらったんです。そうすると自分が楽になることが分かりました。

その後はお寺で行われている看取りの講話に参加したり、カウンセリングを受けに行ったりと、わりと積極的に行動を起こしました。その頃は「アウトプットするのって大事だなぁ」などと思っていました。

ところがお母さんが亡くなった後、気持ちに変化が訪れました。

自分から頼って話を聞いてもらい、たくさん救われたはずなのに、だんだん人と接することがうっとうしいと思うようになったんです。心配してくれる人に対して「私のことは放っておいて」と思うようになりました。

家族や友だちと距離ができる

家族や友だちに対しても、変化が起きたそうです。

父や兄もそれぞれ、母を喪《うしな》ったことで大変だとは思います。でも、同じ家族でも、（グリーフを感じる）ステップやタイミングが全然違うんです。家に家族はいても、すごく孤独を感じることが多くなりました。

また、事情を知りながら、変わらずそばにいて、話しかけてくれる友だちもいるのですが、それがなんだかすごくイヤになっちゃって、遠ざけてしまうんです。せっかくの好意を素直に受け入れられない自分がイヤになります。

はじめて参加したカフェの終わり。きどさんはもりさんに「最近ずっと泣けなかったけど、ここに来て久しぶりに涙を流すことができました」と言って帰って行きました。

家族についての本音

年末年始をまたいだ翌月も、きどさんはやって来ました。

世間はクリスマスやお正月など、家族や親族が集まる機会が多い時期です。はじめて訪れた前回のカフェで「家族がいても孤独を感じる」と語ったきどさん。家族、特に父親とは「そもそも関係が悪い」のだと明かしました。

いま、家では父と一緒にいるのですが、全然気持ちを共有していなくて、それぞれ孤独みたいな感じなんです。母を喪ってみて感じるのは、こういう言い方するのはアレなんですけど……残されているほかの家族（父と兄）を「全然好きじゃないな」ということです。私にとっての家族は母だけだったし、残っている家族とは別に疎遠になってもいいや、ぐらいの気持ちです。

思い切って率直な気持ちを語るきどさんに対して、もりさんが後押しするように「うんうん、いいですよ！」とうなずきます。

実は、きどさんはお母さんを亡くす一カ月前に、お母さんのお父さん、つまり母方の祖父を自死で亡くしています。

私は祖父もすごく好きだったんです。だから、好きだった人だけがどんどんいなくなっちゃった感じなんです。いま、血のつながった家族がいても、孤独だなぁと感じています。今後も母がいなくなった部分を埋められるというのは絶対ないから、これはもう一生消えない孤独なのかなと思っています。

分かってくれそうな人が分かってくれない

身近な友だちに対しても「距離を置いてしまう」と語っていたきどさん。以前は感じることのなかった気持ちが湧いてくるのだと言います。

友だちと話していると、（死別という）経験をする前はまったく気にすることがなかった、何気ない、ちょっとした話がすごく心に刺さってきて傷つくことがあります。「どうしてそんな配慮もできないんだろう」「こんなことも分からないのか」と思ってしまいます。

「この人ならば」という人に気持ちを打ち明けて、余計につらい思いをすることもあるそうです。

信頼を置いている人、いつも自分の境遇を理解してくれている人ほど、話して分かってもらえなかったときがつらいです。自分より経験豊富で、この人なら分かってくれるだろう、と思っているから話すんだけど、その人には家族を喪った経験がなかったり、そもそもグリーフがなかったり。

思ってもみなかった反応が返ってくると「やっぱり分かってもらえないのか」

という気持ちが大きくなります。その結果、あまり人に自分の話をしなくなっちゃったんです。

どんどん母に近づいている

一方で、きどさんはお母さんをこう振り返って、涙を流しました。

母親なんだけど、娘のようでもあり、姉のようで妹のようで親友で……母はすべての存在でした。寝たきりになってからは全部お世話をしてあげて、かわいくて、いとおしくて仕方なかったです。

その母がいなくなって、最近は食べ物も、自分が好きかどうかより、母が好きだったものをおいしく感じるようになって、自分自身がどんどん「母寄り」になっていると思います。

そんなきどさんの中で、お母さんは「より美しく」なっていると言います。

もともと美しくて、すごく気配りができる人だったのですが、亡くなったことによって一層美化されて、悪いところはひとつもなかった人、私にとっては神様のようになって、神格化されています。信者は私ひとりですけど、今後も「母教」を続けていくと思います。

父について思うこと

きどさんはやがて、少しの間、日本を離れる決心をしました。

アメリカでの短期留学。行き先はお母さんが幼少期を過ごしたロサンゼルスです。

いったん、いろんなしがらみから解き放たれたいという気持ちも強いです。知っている人に理解されずにつらい気持ちになることが多いので、むしろ、私のことを知っている人がいない場所に身を置きたいと思いました。

そんなきどさんのお話を受け、この日のカフェの終わりに、もりさんがひとつの提案をしました。

出会いの出発点は悲しみですが、こうして同じ時間を過ごし、きどさんの門出に立ち会うのは、みなさんのご縁だと私は思います。そこで、旅立つきどさんに、ひとりひとりからメッセージを伝えていただければと思います。

その中に、前章に登場した六〇代の男性、RENさんがいます。きどさんにこんな言葉を贈りました。

ボクは、きどさんが参加されてから、すごく共感して、いろいろと思うことがありました。きどさんの隠しだてのない素直で正直な気持ち、純粋な人柄が伝わってきて、応援したい、自分の娘にはこうなってもらいたいと思うほどでした。これから幸せになってほしいという気持ちで、送り出したいと思います。

そこには、ある事情があるのだと言います。RENさんは若かりし頃、一度目の結婚で子どもができたのですが、当時の妻の意向でおろしたことがあり「そのときの子が生まれていれば、ちょうどきどさんくらいの歳になっていただろう」と思いながら、いつも隣で話を聞いていたと言うのです。

すると「父との関係が悪い」と語っていたきどさんが、こう応じました。

私はいつもRENさんの隣でお話を聞きながら、父の姿を重ねている部分がありました。もしかすると、父も世代的に人前ではグリーフを出せないのかもしれないなぁと思いました。

まだ、そういう段階にはないと思いますが、父にもいつか、RENさんみたいに、ほかの人に混ざって、自分の気持ちを出せる場所を見つけてほしいなと思っています。

後から来た人を受け入れる

きどさんのお話に心を寄せていたのは、RENさんだけではありません。

きどさんがはじめて参加したカフェでは、ほかの方々が「私のときはこうだった」「私はこんなふうに気持ちが変わってきた」という話を、次々にしました。「はじめはあまり悲しいと感じなかったけれど、後からじわじわとつらさがこみ上げてきた」と言う人。カフェに参加するようになり、気持ちを吐き出すことで「少しずつ乗り越えてきた」と言う人。当初は泣いてばかりいたが、時が経つにつれて「天国から見守られている」と信じられるようになったと話す人もいました。

いずれも、きどさんより年上で、きどさんより前に母親を亡くし、以前からカフェに来ていた方々です。誰よりも年若いきどさんがひとりでやって来て、気持ちをありのままに、切々と語る姿を見て、自分のターンになると、誰からということもなく、きどさんに向けて自分の経験を語り始めたのです。

カフェの参加者（番組より）

当時のことを、ファシリテーターのもりさんもよく覚えています。

私からは何も言っていないのに、みなさんが自然と、きどさんに寄り添い、気持ちをシェアしようという雰囲気になっていったんです。前から来ている人たちが、新しい人を受け入れよう、注目して話を聞こうという気持ちが、この場にあふれていると感じました。

カフェは、ファシリテーターが誘導するのではなく、参加しているみなさん自身が作り上げていくものなのだと、改めて感じました。

「先輩」たちの話が励みになる

そのカフェについて、きどさんはこう語っています。

家族や友だちと距離ができて、吐き出し口がなくて、それでもどこかで話したい自分がいて。そんなときにこちらに伺いました。母を喪ったばかりの私にとって、ほかの方々は「先輩」という感じで、みなさんのお話が励みになったし、参考にもなったし、拠り所という感じで、月に一度、ここに来るのがすごく楽しみでした。

ちなみにきどさんは、お母さんが亡くなった直後「自分では処理しきれない、味わったことのない感情の波」が押し寄せる中、インターネットを検索。「グリーフ」という言葉やこのカフェの存在を知り、思い切って参加したのだと、のちの取材時に教えてくださいました。

「どうせ私の気持ちなんて誰にも分らない」という気持ちを知っている人どうしが集まっているのが、私にとってはとても救いになりました。結局は分かり合えないのかもしれない、ということを分かったうえで、それでもやっぱり聞いてもらったり聞いたりすることに癒しがあると感じました。

「ひとりぼっちになっちゃったね」

それからおよそ五カ月。短期留学を終えたきどさんが、カフェにやって来ました。きどさんはこの日、留学中に経験した忘れられないできごとを語りました。ロサンゼルスで、ある家族を訪ねたときのことです。この地で幼少期を過ごしたお母さんが家族ぐるみで付き合っていたご一家で、きどさんも幼い頃、お母さんと一緒に訪れたことがある家でした。

そこには、日本語を少し話せる日系人のおばあちゃんがいるんです。最初はぼんやりしていたんですが、途中で私だと気が付いて懐かしがってくれました。そしてしきりに「あんた、ナントカだねぇ……」って言うんです。

はじめは聞き取れませんでしたが、耳を澄ますうち、ある言葉が耳に飛び込んできました。

「あんた、ひとりぼっちになっちゃったねぇ」って。そのとき、私はハッとしました。「ひとりぼっち」という言葉自体はすごく悲しいはずなのに、なんだかものすごく、安心したんです。

日本にいれば「お母さんが亡くなっても、お兄ちゃんやお父さんがいるじゃない」と言われます。

でも、私にとって心のつながりがあるのは、好きだった祖父母や母で、それが家族なんです。その人たちがいないいま、私の気持ち的にはもうとっくに「ひとりぼっち」だったんです。

そのことを、人からはっきり言ってもらったとき、自分の気持ちにぴったりで、

「分かってくれる人がいたんだ」とホッとして、不思議な気持ちになりました。

きどさんはロサンゼルスの滞在中、人との関わりの大切さや、ありがたさを感じる気持ちがよみがえってきたと言います。

お母さんが亡くなって、ちょうど一年が経っていました。

相変わらず「モヤッ」とする

とはいえ、日本に帰ってくれば、また「日常」が始まります。

お父さんに対する気持ちは相変わらずです。

帰ってきたら実家で父と二人の生活で、それがイヤなんです。私は人から「かわいそう」と思われるのがしゃくで、涙を見せられないところがあるんですが、一番弱みを見せたくないのが父なんだと思います。

さらに帰国早々、友人との間にも溝を感じるできごとがありました。

仕事を辞めて無職になり、留学して帰ってきた私を、友だちは「奔放に遊び回るダメニート」みたいに言ってきます。半分冗談、半分うらやましいような感じで「いいなー」などと言うんです。

この友人の言動に、改めて落胆したのだと言います。

自分でニートと言うのはいいんですが、人から言われると「私だって頑張っているし、好きでニートしてるわけじゃないよ！」と思います。

やることやって、自分の気持ちをリセットするためにアメリカまで行ったのに、やっぱり分かってもらえないんだなとガッカリしました。人の身の上に大きなことが起きたとき、日常や考え方がどれだけ激変するか、友だちは分かっていないんです。そこにまた孤独を感じてモヤッとしました。

ずっと悲しくていい

ただし、こういったできごとの受け止め方に、少しだけ変化が生まれていると言います。

よく考えたら、友だちにもそれぞれの生活があります。異なる意見があるのも当然です。いくら言ったところで、私が経験したことは想像もつかないだろうし、理解されたいとも思わないなと。だったら分かってもらえないことを気にするより、次に進もうと思うようになりました。いつも近くに母がいてくれるので、心の中で母と対話することで、いろいろな答えが出てクリアになっていく感じです。

そして最近は、こんなふうに感じているそうです。

いまも気持ちの浮き沈みはあるんですが、それでいいんだ、当然なんだって思うようになりました。（母が亡くなって）まだ一年だし、それだけの経験をしたわけですし、当たり前のことなんだと。

悲しいという気持ちや、孤独な気持ちもずっと消えないと思うけど、それでいいんだと思います。「ありのままの自分」を受け入れることで、少し楽になりました。

自分自身が母になって

カフェで最後にお話を伺ったのが四年ほど前。この本を作るにあたって、当時のお話をまとめたここまでの文章を、きどさんに見てもらいました。するときどさんは、近況などを伝える丁寧な文章とともに、こんな感想をくださいました。

いただいた原稿を読んだとき、いまの自分から見ると残った家族（父や兄）に対して「ずいぶん辛辣《しんらつ》だな」というのが一番の感想でした。母への強い想いはいまも変わっていませんが、母を喪った直後はより一層、その寂しさから身近な家族を疎ましく感じていたのでしょう。

でもきっと当時の私のありのままの気持ちなので、グリーフを抱えている方がこれを読んで心が軽くなるなら、ぜひこのままでお願いします。

実はこの間に、きどさんは結婚しました。お相手の男性は、きどさんよりも若い年齢でお父さんを亡くされていて、「同じようにグリーフを抱えている」という点に親近感を覚え、結婚の大きな決め手になったそうです。

結婚後、旦那さんの赴任先であるメキシコに移住。女の子の赤ちゃんが生まれました。

きどさん自身が、お母さんになったのです。

「母」という存在に異常なまでに固執してきたこれまでの人生、自分が「母」になりたいという気持ちも人一倍強く、母が亡くなってからは「母の孫を産みたい」という気持ちと「（孫の顔が見たいと言っていた）母の望む通り、自分も母になりたい」という一心でした。

母に孫を抱かせられなかったことが、やはり一番の心残りです。母が生きていたら、どんなにかわいがったか、容易に想像できます。

実際に母親になってみると、より一層、お母さんを「想う」ようになったそうです。

娘ができたらまるで穴が埋まるように、母への愛が娘に移行するのかと考えていましたが、母への想いはそのままそこにある感じです。母を想うと、ちょっと昔に戻るような、優しくて柔らかい気持ちになります。「娘である自分」と「母である自分」が、まだバラバラに存在しているような感覚があります。

その「母である自分」には、新しい意識が芽生えていると言います。

母を亡くした後は「死にたいとも思わないけれど生きていたいとも思わない」という状態で生きていました。「いま死んだとしても母に会えるならそれもよい」

というような気持ちです。でも自分の家族ができて、家族のために生きていないといけないと思うようになりました。

ちなみに、お父さんとお兄さんとの関係は現在「距離も遠く離れ、時々連絡をとる程度。このくらいがちょうどいい、疎ましく思うどころか気にもしていない、という日々です（笑）」とのこと。

いま、お母さんの病床に寄り添った日々を、こんなふうに振り返ります。

当時を思い出そうとすると、母とのやりとりのひとつひとつが浮かんできます。ただただ、母と過ごした愛しくて切ない時間がよみがえります。つらい時間でもあったけれど、私の人生で最も美しい時間でもありました。

異国の地で子育てに奮闘しながら、思い描くのは、お母さんが明るく過ごしている姿です。

メキシコには、有名な「死者の日」があります。この国は死と生の間の壁がすごく低い感じがするし、亡くなった後の世界を、（ディズニーの『リメンバー・ミー』などの）映画にもあるように、華やかで楽しいところと考える価値観があるようです。

メキシコに来て、母もきっとそんな明るい世界を謳歌してくれていると思えるようになったこと。東京よりずっとのびのびとした環境で子どもと向き合えているること。すべて母が導いてくれたんだなと感じています。

【コラム】「二次的な傷つき」について

きどさんは、親しい友人や信頼している人に理解してもらえなかったり、思いもしない反応が返ってきたりしたときのつらさについてお話しされていました。

実は、相手の何気ないひとことや、むしろ「よかれ」と思ってかけられた、一見すると慰めや励ましのような言葉に傷ついた、という経験は、カフェでよく語られています。

突然の事故で家族を亡くされた方は、近所の人から「大丈夫?」と聞かれることが「一番困る」と言いました。決して大丈夫ではないのですが「大丈夫と答えるしかない」からです。また「思ったより元気そうでよかった」などと声をかけられることもつらいそうです。元気なのではなく、周りの人に気を遣わせないように「元気そうに見せているだけ」だからです。

ほかにも、事情をよく知らない人からの「時間が解決するよ」「悲しいときは、泣いたほうがいいよ?」といったアドバイスのような言葉に、イヤな思いをしたという人がいました。

カフェではこのような経験のことを「二次被害」「二次的な傷つき」などと呼んでいます。

励ましたい、元気づけたいと思ってかける言葉が、相手にとっては必ずしもそうではないということを、心に留めておきたいものです。

息子を亡くした女性のお話――くみさんの場合

ここでもうひとり、ファシリテーターの方をご紹介します。

くみさん。五〇代の女性です。

参加者の話に穏やかに耳を傾け、飾らない話しぶりが印象的な人です。

カフェの冒頭。「誰を、どのような形で亡くしたか」を話すターンで、くみさんはこんなふうに語り始めます。

私は、息子を亡くしています。残した手紙などもないので、本当のところは一体何があったのか、いまもよく分かっていません。夜、家族が眠っている間に、マンションの屋上から転落して亡くなりました。一五歳でした。

くみさんは参加者ではなくファシリテーターなので、カフェではご自身の経験や気持ちを、あまり詳しく語ることはありません。しかし、そのような経験をした方が、どういう経緯でカフェに結びつき、どのような思いでファシリテーターとして活動しているのか、筆者はぜひ知りたいと思いました。

そこでこの本を作るにあたり、メールで質問し、それにお答えいただくという形で取材させてもらいました。やりとりをする中で、印象的な言葉がたくさんありましたので、文面をなるべく残す形で、お伝えしたいと思います。

「まったく普通の日常」の中で

そのことが起きたのは、いまから一六年前。二〇〇九年一一月のことでした。

その頃、くみさんは夫と息子二人の四人家族。夫婦共働きで、息子さんたちも学校や塾に忙しい日々でしたが「顔をそろえれば笑い合ったり、ふざけたりもする、ごく一般的な、平和で安心できる家族」だったそうです。

そんな「まったく普通の日常」の中で迎えた、いつも通りの朝。なぜか次男が、いつまでも起きてきません。不思議に思って部屋を見に行くと、姿がありませんでした。

自宅マンションの屋上から転落していたのです。一五歳の誕生日を迎えたばかりでした。
一体何があったのか。その手掛かりになるようなものや、自死を思わせる手紙などもありませんでした。
日ごろから、このようなことが起きる不安や心配が感じられることもまったくなかったそうです。受験生だったので、疲れが見えることは時折あったものの、「日々のコミュニケーションをとる中では、楽しく過ごせているように見えていた」と言います。

本当に心優しく、まじめな子でした。彼を知る人、みんなからそう言われます。私から見た次男はそれに加えて、想像力がとても豊かで、美意識が高く、気高くて、頑固でした。それでいながら、ひそかにお茶目で、照れ屋で、とても愛らしい子でした。

そんな息子さんとの突然の別れ。中でも一番忘れられない、つらかっことは、息子さんが棺に入った状態で家に帰ってきたときのことだと言います。

みんなが次男の棺を囲んで泣いている中、つらくて「はやく！　はやく！」と、泣きながら空に向かって訴えていました。なぜそういう行動をしたのか、自分でもよく分からないのですが「（とうてい現実とは思えないこの状況が）はやく覚めて」とか「はやくこの時間が過ぎて」という気持ちだったんだと思います。

火葬場に向かうときや、火葬のときも「制御できない叫び」を発していたと言います。

気がついたら、叫んでいました。ほぼ悲鳴だったと思います。いまにも狂気になってしまうような、境目のところにいたと思います。

息子さんが亡くなったことは、学校には伝えましたが、くみさんがそれまで勤めていた職場には言うことができず、そのまま会社を辞めました。友人にも連絡はしなかったそうです。

心が壊れてしまわないように

くみさんは、「どうしてこのようなことになったのか」「なぜこんなことが起きたのか」ということよりも先に、とっさに考えたことがあると言います。

残された長男のことや、次男を大切に想ってくれていた親族のことが強く頭にありました。このショックで誰かが病気になったり、その人まで亡くなったりしたらどうしよう？　という恐怖と緊張があり、その人たちの「心が壊れてしまわないように」と思っていました。

何もかも飲み込んでしまうほどのすさまじい衝撃が、とてつもない破壊力で突然押し寄せてきたとき、その「理由」よりもまず、いまある人たちを守らなければならないと、反射的に考えたというのです。

それはつまるところ、私の精神を守るためでもあったと思います。

私自身、次男が亡くなったという衝撃で、自分を現実にひきとめるのが精一杯の状態でした。兄である長男の、この先の人生のためにも、私は絶対に正常でいなければならないと強く意識する一方で、もしこれ以上、少しでも何か起これば、正常な自分を維持できないとも思いました。

そういう自分の精神状態を守るためにも、私の大事な人たちには、心身ともに健康で、無事でいてもらう必要があったんだと思います。

自分のせいではないか

「恐怖と緊張」が続く中で、くみさんは「(次男が)どこかに何かメッセージを残してくれてはいないか」を探していたと言います。しかしそれが見つかることはなく、やがて、息子さんが亡くなったのは「自分のせいではないか」と思うようになったそうです。

理由はふたつ、あると言います。

ひとつには、その頃、私自身が強い希死念慮にかられており、高いビルを見ては自分がそこから落ちるさまをイメージして「自分を一度殺して気持ちを落ち着かせる」という、健全でないリセット方法をとっていたことでした。

その理由は、「これ」というはっきりしたものがあったわけではなく、強いてあげるなら「生きづらさ」だったと思います。生きていく中でのあらゆる「傷つき」に疲れていました。

ただし、そのような気持ちは、他人に見えるように表に出していたわけではなく、むしろ周りからは「明るく元気」に見えていたはず、と言います。

しかしそういう時期に、次男がそのようになったので、自分の「イメージ」が伝染してしまったと、本気で思いました。

そしてもうひとつは、前夜に息子さんと交わした会話です。

次男と満月を見ながら話したことの中に、事故につながりそうな会話があったためです。次男が冗談のように「満月に触って、俺は強くなる」と言ったことに対して、「満月には本当にそんな（願いを叶える）力があるらしいよ」と私が答えたのを、興味深そうに聞いていたように記憶しています。

満月に触ることはできなくても、満月に何かしらの力を借りようと、ひとりで屋上に行ってしまったのではないかと思ったりしました。

本当の原因を考えることの恐怖

つまりくみさんは、偶然の事故、あるいは自死であったかなど、事実は分からない状態でありながら、息子さんが亡くなったことは「自分のせいではないか」と考えました。その原因として「自分のイメージが伝染した」ことなどを挙げています。しかもその「イメージ」とは、周りの人から見ても、分かりえないようなものでした。

お話を聞く立場からすると、ほかの事情や、家族以外のところに何かしらの原因を求めてもいい、むしろそのほうが自然にさえ思われますが、くみさんはそうしませんでした。そのことにも、理由があるのだと言います。

もしかしたら「自分以外に、原因となった人やことがらがあったかもしれない」と、頭をよぎることはありました。でも、それらを探して万が一「確かな原因」となる人物がいたとき、私は怒り続け、恨み続けて生きなくてはならなくなるという思いがありました。

そうなれば、夫や残された長男をも、いま以上に苦しめることになるかもしれない。そう思うと、その勇気も行動力も気力も出ませんでした。

「知ることへの恐怖」が、くみさんを、自分自身を責める方向へと向かわせたのです。もし「本当の原因」が分かってしまったら。「この人のせい」と、責任を問える人物を突き止めてしまったとしたら――。

自分自身がどのような状態になるか、何をしてしまうか分からないという恐怖がありました。それは私だけではなく、家族みんなも同じ気持ちだっただろうと思います。

助けになったこと

その頃の日々を、くみさんはこう振り返ります。

恐怖と緊張で、常に体がこわばっていました。

「死にたい気持ちは伝染する」と思っていたので、私自身が「生きよう」という気持ちを維持し、「私は大丈夫」というポーズをとらなければならないと考え、そのことにのみエネルギーを注いでいたと思います。

助けになったのは、身近な人たちの存在だったそうです。

日々の生活においては、親族にとても助けられました。ごはんを持って家に来てくれ、起きたらカーテンをあけて、布団をたたんで、掃除機や雑巾をかけて……と、毎日を始める手伝いをしてくれました。私たち家族に何も強制せず、穏やかに、普通に接し、優しい明るさを与え続けてくれました。
あのとき親族がそばにいてくれなければ、私たちのこれまでの道筋は違っていたかもしれないと思います。

楽しいことがつらくなる

そのような日々が一カ月ほど続いた後、くみさんは引っ越しをして、家族だけの生活に戻りました。日常生活に戻っていくためには、それまで感じることのなかった痛みを知らなければなりませんでした。

街がクリスマスの雰囲気になって、明るいクリスマスソングが流れてくるのを、つらく感じるようになりました。翌年以降のハロウィンも、次男が好きなイベントだったのでつらかったです。

くみさんは「優しくて楽しい思い出たちが、すべて悲しさで塗られてしまった」と感じたそうです。また、それまではどうということもなかったことが、とても苦しくなってしまいました。

テレビドラマなどで、誰かの身が危ないとか、家族と連絡がつかないようなシーンがあるとパニックのような状態になり、それ以上見られなくなる時期がありました。

生きる理由を求めて

やがてくみさんは新しい仕事を始め、社会に復帰していきました。その頃、ある思いがあったそうです。

次男が早くに亡くなったことや、喪った経験に意味を持たせたい、そうすることで次男が生きていた証《あかし》にして、一緒に生きていきたいという思いがありました。

そんなとき、インターネットで、もりさんの存在や「暮らしのグリーフサポートみなと」の活動を知ったのです。

私は息子が亡くなったことについて「原因となったものが存在したら、その対象を憎み続ける人生になってしまう」という恐怖を持っていました。

しかし美加さん（＝もりさん）は、息子さんが亡くなったことについて、いじめが原因であったことを公言し、学校の不誠実な対応と戦い、大切な人を亡くした遺族へのグリーフサポートの活動まで行っていました。

それはくみさんにとって、新しい考え方、生き方だったと言います。

美加さんは、起こってしまったことを社会に還元し、道をひらいているように見えました。美加さんのお子様が亡くなった年齢（一三歳）が、私の息子（一五歳）と近かったこともあり、美加さんから、何かヒントを得たかったんだと思います。

くみさんはもりさんへの興味から「暮らしのグリーフサポートみなと」の「ファシリテーター養成講座」に足を運びました。これはグリーフを抱える人をサポートするスキルを学ぶため、定期的に開かれている講座です。修了した人は、希望すればカフェのファシリテーターとして活動できます。

くみさんは講座を受ける中で、自分自身のグリーフとの向き合い方や、他者のグリーフとの関わり方について多くの発見があったと言います。修了後、もりさんから声をかけられ、カフェを手伝うことにしました。

ファシリテーターとして活動することにしたのは、自分の経験や想いをほかの誰かに役立てることで意味を持たせて、使命としたいという思いが働いたからではないかと思います。当時の私は、気を確かに持って生きていくために、「生きる理由」を欲しがっていました。

私だけじゃなかった

実際にカフェに携わるようになってみると、気づくことがたくさんあったそうです。

それまで自分は、社会の中で「大きな悲しみにおそわれてしまった人」とカテゴリ分けされて「普通で、幸せな人生」から外されたように感じていました。でも、カフェで参加者の方々と接することで、何かしらの悲しみや葛藤を抱えながら、社会ではそれを隠して過ごしている人は、私以外にもたくさんいるんだと気づきました。

そしてこのカフェが、参加者にもたらしているものを感じたと言います。

悲しみの体験や、傷口が痛むことがらは、普段は「話したくないこと」ですが、ここなら自然に言葉が出てくる感じがしました。何を言っても誰からも傷つけられず、腫れ物のように気遣われることもなく、場の空気を重くしてしまう不安もなく、大事な人に心配をかけることもない。そのような環境さえ整えば、私だけでなくほかのみなさんも、話したいことはあふれるほどあるのだと感じました。

あるがままを共有する

以下は、くみさんがファシリテーターとして参加したカフェで語った言葉です。

お互いにまったく同じ経験をしているわけではないので、すべてを共有することはできません。でもここでは、似た経験をした人どうし、芯のところで悲しみを抱えています。

私は、いまも死にたくなることがありますが、ここではそれも当たり前のこととして「で、みんなはいま、どうやって生きてます？」と、普通に聞くことができます。日ごろは閉じ込めている気持ちを解放して、過剰に寄り添いすぎることなく、自然にあるがままを「そうだったよね」とシェアさせてもらえる。私にとって、この場所がすごくよかったなって思っています。

そこには「暮らしのグリーフサポートみなと」ならではのよさがあるのだと、のちの取材に答えてくださいました。

普段はみんな、それぞれの生活があります。でも、カフェのその時間だけはここに集まって、身内や親しい人にも（だからこそ）話せないような思いを打ち明け合ったり、響鳴したりします。終わればまた、みんながそれぞれの生活に戻っていく。その感じがとても好きです。

みんなが深刻な悩みや落胆を持っていますが、どんな話が出ても、重さを残さない空気があります。これは、このカフェの雰囲気を最初に作ってくれた美加さんの影響だと思います。

夫に気持ちを開けなかった

家族をはじめ、周りの人たちを大切に思ってきたくみさんですが、旦那さんに対しては複雑な感情を抱いた時期があったようです。ある日のカフェで、こんなお話をされました。

「家族イコール幸せ。明るい」。一般的にはそれがよいとされているし、私もそうありたいと思っていました。本心では夫との間に「気持ちのズレ」があると思いつつ、ごまかしながらなんとなく生活していたんです。

ところが息子さんが亡くなると、それまでごまかしていた「気持ちのズレ」が、あらわになってきたというのです。

「協力しなければ」と頭では分かっていても、夫とは分かり合える気がしなかったんです。長男とはある程度、気持ちが通じる気がしたんですが、夫には自分の思いを〝開示〟できませんでした。

この点について今回、改めて詳しく伺うと、非常に複雑な葛藤があったことを教えてくださいました。

次男のことがあってから、それまで以上に夫と心を寄せ合えないような、夫のそばにいるとより強く「ひとり」を感じてしまうような感覚がありました。対話を重ねても一層、つらくなっていきました。

その結果、くみさんは夫との別居を選んだそうです。ところがそのことにより、新たな不安を抱えることになったのだと言います。

夫と関係を絶ちたいと思いながらも、できませんでした。そうすることで夫の精神状態や命が取返しのつかないことになってしまわないかと、ここでもまた恐怖があったんです。別居しながらも、家族がいるという安心を与えていたいという矛盾した気持ち、相反する感情に折り合いがつかず、長い間、不安定でした。

RENさんの存在に学ぶ

そのような状況に変化が生まれるきっかけのひとつが、カフェにありました。第一章に登場したRENさんの存在です。

RENさんはカフェにやって来て、日常生活ではどうしても泣きごとを言えず強がってしまうことや、このカフェで出会う人たちを「家族」のように感じて力をもらっているということをお話しされていました。私はそれを聞いて、きっと、RENさんには社会では表に出せない顔があって、それをこのカフェでは見せてくれているのだろうと思いました。

そんなRENさんの姿が、夫を思わせたと言うのです。

「男性は強くあるべき」「泣きごとをいうのは弱さ」。そのように教えられて育ち、時には自分の感情を偽ってでも、あらゆることを力技で乗り越えてきた人にとって、悲しみを表に出したり、誰かにすがったりするのは困難なことなのだと、RENさんを通して理解しました。

夫はまさに、そうやって生きてきた人です。RENさん以上にもっと「（強がりという）ペルソナがはがれなくなっている人」のような気さえしました。

その結果、くみさんの心境に変化があったそうです。

そうした人たちの気持ちを想像して、とても苦しいのだろうと感じる一方で、「私には完全には分からない」とも思いました。私が夫の苦しさや孤独を真には分からないように、私の苦しさと孤独もまた、夫には真には分からないのだろうと納得がいきました。そうすると、なんだか楽になりました。

くみさんは、RENさんの存在に「多くのことを教わった」と言います。

夫との直接の対話だけでは、感情が先立ってしまいます。夫も、近すぎる私には心を素直に表現できなかったでしょう。（カフェでなければ）こんなふうに素直に、夫のつらさを思いやることはできなかったと思います。

くみさんはいま再び、旦那さんと一緒に暮らしています。離れて暮らす時間があったぶん「以前よりもいい関係」になったと言います。

複雑な感情を持つこともありましたが、私にとって家族が大切な存在であることに変わりありません。家族がいるから現実を生きてこられたし、心の健康を目指してこられたと思います。関係性はこの先もまた変わることがあるかもしれませんが、ずっとファミリーだという気持ちです。

開けたくない「箱」がある

　ここまできて、筆者にはどうしても気になってしまう、素通りできないことがありました。息子さんが亡くなった原因を、くみさんが「自分のせいではないか」と考えていることについてです。

　くみさんは息子さんが亡くなった後「自分のイメージが伝染したのではないか」「前夜の会話が原因なのではないか」という、ある意味、非常に観念的な推測を行い、「知ることへの恐怖」から、原因をほかに求めることはしなかったとおっしゃいました。そしてメールのやりとりからすると、その状況はいまも続いているようなのです。

　このことに、筆者は正直、戸惑いました。てっきりどこかの時点で「ある程度説明がつく、何かしらの答え」が出ていると思い込んでいたからです。

はっきりしたことは分からないにせよ、なんらかの客観的な根拠に基づいた結論のようなものがあり、そこに折り合いを付けたからこそ、いまがあると思っていたからです。

「本当の原因」が、いまだ、ほかにあるかもしれない状態のまま、それを「考えない」でい続けることなど、果たしてできるものだろうか——。

しかし裏を返せば、それほど大きなことが、くみさんに起きたとも言えます。通常ならば考えてもよさそうなことがらさえ奪い取ってしまう、その後も奪い続けるほどのできごとです。

筆者はやがて、くみさんとは深刻さも内容もまったく違いますが、「考えたくない」という思いから、普段は「ないことにしている」ものが、自分の中にも存在していることに気づきました。そこで、こんなふうに書き送りました。

「実は私にも『頼むからその蓋にだけは手を触れないでくれ』と思う〝箱〟のようなものが、心の中にあります。その蓋は誰に何と言われようと、今は開けたくないし、もし開ける時が来るならば、そのタイミングは自分で決めると思います」

人は誰でも、他人には言えない、人には触れてほしくない、自分でも触りたくないようなことがらが、ひとつやふたつあるのかもしれません。

私自身、それを閉じ込めた箱を抱えながら、なんとか生きているという感じなのです。

するとくみさんからは、こんな返信がありました。

いただいたメールを読んで、胸のあたりが熱くなりました。これは、見ないでいた心が反応したのだと感じました。私の中にある「真実を知りたい」という思いと、そこへまっすぐ進めないことによる、次男への申し訳なさのようなもの。ずっと奥で続いていた思いがあったのだと気づかされました。次男のことだけでなく、私の中にはそんな、奥にしまったままの〝箱〟がたくさんあるんだと思います。

グリーフとともに生きる

くみさんには、どのようにしても消えない気持ちがあります。

次男の楽しい思い出を思い起こしたり、話したりするときでも、後悔と自責の念が常に一緒にあります。それは決して穏やかなものではありません。

まだ一緒にいたかった。あんなこと言わなければよかった。もっと彼の心を、性質を、大事にしていればよかった。外からは見えない傷があったかもしれないのに、寄り添っていなかった……とめどないですが、とにかくただ後悔です。

一方で、最近のこんな気持ちを教えてくださいました。

「箱の話」は、私の中にひとつの変化をもたらしました。

いまは、〝箱の中〟を整理はできなくても、〝箱の存在〟を認識していたい、そうすることによって「私は悲しんでいる、傷ついている」ということを知っていたいという気持ちになっています。このような気づきは、グリーフサポートの活動を続けていなければなかったことでした。

自分の悲しみや後悔の想いを大事にしたい、見ていてあげたい気持ちです。後悔もあり、自責の念も消えませんが、そうしながら生き続けている自分を愛そうとしている感じがあります。

最後に、くみさんがカフェで語った、印象的な言葉をご紹介します。

何をどうやっても、結局グリーフはあります。しかしそのグリーフは、息子と出会ったからこそ生まれ、こんなにも深いものなので、決して手放したくないし、大切にしていきたいという思いがあります。

グリーフと一緒に生きていくことで、息子と一緒に生きていくという感覚です。

［コラム］　クリスマスは残酷

くみさんは、息子さんを亡くしてから、街がクリスマスの雰囲気になっていくのがつらくなったというお話でした。

カフェではしばしば、こういったお話が語られます。

かつてはクリスマスの飾りつけをするのが楽しみだったという女性は、大好きだったお母さんを一二月に亡くして以来「ツリーを飾りたくない、クリスマスのことをしたくないと思うようになった」と言います。

「街が華やかになり、人が楽しんでいる様子は、グリーフを抱えている人にとってはすごく残酷なことだったりします。クリスマスをはじめとする記念日は、世の中がお祝いムードになるぶん、その裏側には誰かのグリーフがあるんです」（もりさん）

また、くみさんは、テレビドラマなどの特定のシーンが見られなくなったと話しました。このように、ごく日常的だったことができなくなった、つらくなったというお話も、よく語られることです。

お子さんを亡くした女性は「集中力が落ちて、家の中のことをするのが大変になってしまった」そうで、「洗濯物を一枚干すのにも時間がかかってしまい、掃除機をかけても、一カ所やったら後が続かない」と言います。お子さんが好きだったハンバーグを作れなくなってしまい、「形を変えて肉団子にしてみたらなんとか作れた」とも話していました。

故人とよく一緒に出かけていた場所に行けなくなったと言う人。大切な人が亡くなる前、最後に食べていたものが食べられないと言う人。もりさんは、あるアーティストの楽曲の中で、啓祐くんがよく口ずさんでいたその一曲だけが、いまも聴けずにいるそうです。

大切な人を亡くしたとき、心や生活のどの部分に、どのような影響を受けるかは人それぞれで、非常に様々な形があるようです。

RENさんのその後

さて、第一章に登場し、くみさんもその存在について語っていたRENさん。実は、最後にカフェでお話を伺ったのは社会がコロナ禍に突入する前で、その後どうされているのかが分かりませんでした。会いに行って、お話を聞きました。

本物の「one moment family」

RENさんはなんと、再婚されていました。

ボクが古い人間で、アナログすぎるのかもしれませんが、この会（グリーフカフェ）はやっぱり直接会って、みなさんの息遣いを感じることで成立すると思うんです。リモートはやっぱりちょっと、違うなという感じがして、参加しづらくなったんです。

あらゆる社会活動が影響を受けたコロナ禍では、グリーフカフェも例外ではありませんでした。それまで開かれていた月に一度の集まりも、リモート開催になっていったのです。

そのような中で出会ったのが、お相手の女性だったそうです。

お互いに再婚です。相手の方がとても積極的だったというのもあるのですが、カフェに参加できなくなり、正直言って孤立を深めていたということがあります。最終的にはその延長線が再婚になったんじゃないかな。（再婚は）心の隙間を埋める「何か」だったのかもしれません。

再婚する際の決め手について、ＲＥＮさんは大変興味深いお話をしてくださいました。

相手として「彼女がいいかな」と思った一番の理由は、彼女には子どもがいて、孫もいて「家族」ってものができあがっていたんですよ。一方で、ボクはそれ（家族を作ること）に失敗した男です。だから、彼女の家族に入ることによって、「one moment family」の「現実版」を体験できるかなと思ったんです。

「one moment family（一瞬の家族）」。それはまさに、RENさんが、ともにカフェに参加する人たちに対して描いていたイメージです。

再婚が決まったとき「これがボクに与えられた運命なのかな」「神様が最後に、こういうステージを用意してくれたのかな」と思いました。彼女のお母さんや子ども、孫、みんなとうまくいっていて、みんなに誕生日を祝ってもらったりしています。この歳になって、やっと家族ができた感じです。とりあえず孤独死は免れたのかな（笑）。

「場面を変える」ということ

もうひとつ、RENさんの背中を押したのは、お相手の家庭が東京から離れた地方にあったという点でした。

両親や結婚相手の出身地、自分が暮らした街、仕事で関わりがあった場所など、いままでの人生で関係があったどの土地とも重ならない地方都市です。それがよかったと思います。自分もその土地を知らないし、周りにもボクを知っている人が誰もいない。そういうところに入っていって「場面を変える」ことが、自分にはすごく役に立ちました。

RENさんはいま、新しい家族がいるその街と、仕事の拠点がある東京を行き来しながら生活しています。

なんのしがらみもない、新しい土地に足場を持つことによって、RENさんの気持ちは少し軽くなったようです。

それでもふさがらない穴がある

とはいえ、RENさんにはいまも、消し去ることのできない気持ちがあるのだと言います。

やっぱり人間だから、深層心理はそう簡単には変わらないみたいなんですよ。いまも（両親を亡くしたときの）夢を見て、夜中にうなされたりしているんです。いまは家族を「疑似体験」しているような状況で、ボク自身、楽しそうにふるまっていますけど、心の中にぽっかりあいている穴は、ふさがっていないのかもしれない。外側を一生懸命変えようとしているけど、実は、中身はあまり変わってないのかもしれないと思うんです。

その「ぽっかりあいた穴」の存在が、奥さんとの関係に微妙な影を落とすことがあるのだと言います。

彼女が時々「私のほうを見ていない」って言うんです。ボクはそんなつもりはないんですが、よーく考えると、どこか当たっている気がするんです。本当は、孤独がボクのこの辺（みぞおちの辺り）に凝り固まっている。誰かと一緒にいても常に孤独感があるんです。そういうことを、妻は敏感に察知するみたいなんです。

その「穴」は、この先もずっとふさがることはないのではないかと、RENさんは言います。

「時間が解決する」という言葉がありますが、自分には、時間が経てば違う悲しみ、深まりがあると感じます。親父が死んで二〇年以上、母親は八年ほど経ちますが、いまでもまだ、きのうのことのように思い出すんです。もしかしたら、死ぬまでこのままなのかなと思います。

六〇男だって、弱音を吐いていい

RENさんに、カフェに通った当時のことを振り返ってもらいました。

カフェの存在を知ったのは、たまたま港区のホームページで見たからです。「グリーフ」という言葉もそこではじめて知ったし、興味はあってもこんな六〇男がそういうところに行って愚痴をこぼしていいものか、迷いもありました。

それでも足を運んだのは、もう「限界」が来ていたんだと思います。カッコつけて「人には話さない」なんて言ったところで、このまま行けば、人生の展望がひらけないという焦燥感みたいなものがあったのかもしれない。

実際に参加してみると、年齢や性別の垣根は取り払われました。例えば、きどさんの存在が、RENさんの心を解きほぐしてくれたそうです。

ボクにとっては娘くらいの年齢の女性が、毎回、ボクの隣の席で、自分を正直に出して泣いている。その姿が強烈でした。母親を亡くしたボクの代わりに、彼女が泣いてくれているような、まるで彼女が自分自身のような気がしていたんです。ボクがカフェにスーッと入っていけたのは、彼女のおかげもあると思います。

いま、同世代の男性に伝えたいことがあります。

男がそれなりの社会経験をして、六〇にもなれば、周りからはいっぱしの人物に見えると思うんです。でも本当は、自分の中はぐちゃぐちゃしている。ボクなんか、その辺のおじさんよりも、ある意味ダメなところがありますよ。そんなふうに、内側にいろいろ抱えているけど、外に出せない中年って、ボクだけじゃないと思うんです。

そういう人たちに「話すのは恥ずかしいことじゃないんだ」と言いたい。ボクたちの世代には、隠さずに話せる場所が必要だと思うんです。起こったことを正直に話していいし、話せる場所もあるんだと。

グリーフカフェは、ボクが自分の過去を、はじめて人に話した場所です。自分にとっては「帰る場所」「原点」みたいなところで、いまでも、また参加したいと、ずっと思っています。

［コラム］
カフェへの参加をやめる人もいる

RENさんは、コロナ禍を機に、カフェを離れることになりました。

当然のことですが、カフェにやって来る人がみんな同じように通い続けるわけではなく、中には様々な事情で通うのをやめたり、距離を置いたりする人がいます。

ある女性は、当初は自分と同じ経験をした人の話が聞きたくて参加していたものの、やがて通うのをやめました。

「ほかの方々から『新しいことを始めようとしている』といった、前向きなお話を聞くようになって、そのたびに『自分だけ前に進めていない』という気がして、負い目を感じるようになり、つらくなってしまった」と、その気持ちを教えてくださいました。

「大切な人を亡くす」という共通の経験をしていても、亡くした人やその経緯、抱える事情はそれぞれに違い、心のペースも同じではありません。ある時期には、この場が自分に合っていると思っても、時が移れば、そうは感じられなくなるのもまた、自然なことです。もりさんも、「必要だと感じる人が、必要なときに、この場を利用してくれればそれでよい」と言います。

一人ひとりに、その人のグリーフの形があり、それぞれの人にとってのグリーフカフェがあります。

第三章　パートナーを亡くした人のお話

恋人を亡くした男性のお話――タカギさんの場合

「暮らしのグリーフサポートみなと」のグリーフカフェにやって来るのは、家族を亡くされた方だけではありません。血縁や戸籍上のつながりはなくても、交際していたり同居していたりする相手を亡くされた方もやって来ます。

この章では、そんな「パートナー」を亡くした人のお話をお聞きいただきます。

タカギさん。四〇代の男性です。

気持ちのいい秋晴れが広がった日。もりさんと向かい合ったタカギさんは、こんなふうに語り始めました。

こういう日が、一番イヤだなぁって思いますね。天気がよくて、爽やかで。こういう日は彼女と何を話したっけなとか、つい考えてしまって、もういないんだということを再認識させられるんです。

まずは、タカギさんに何が起きたのかを聞いてみましょう。

なお、ここでは、タカギさんがファシリテーターのもりさんと一対一で語り合った「個別相談」でのお話に、その後の筆者の取材を加えてお伝えします。

個別相談は、定期的に開かれるカフェとは違い、話したいことがあるときに、ファシリテーターと一対一で話をすることができます。

複数の参加者とともに語り合うカフェとは形が違いますが、自分自身の経験や気持ちをありのままに語るという点では同じです。

「自分には起こりえないこと」が起きた

タカギさんは都内の企業で働く営業マンです。

タカギさんには、学生時代に出会い、長年交際していた彼女がいました。タカギさんが海外に赴任していた遠距離恋愛の期間も含めると、交際は一五年間に及んでいました。

彼女はタカギさんよりも六歳年上。病院で働く勤務医で、とてもまじめで優しい人でした。お互い忙しくてなかなか会えないものの、結婚の話も出ていたそうです。

ところが、夏のある日、彼女は自宅マンションで、自ら命を絶ちました。

数日間連絡がなく、タカギさんが訪ねて行くと、亡くなっていたそうです。タカギさんが第一発見者でした。

あまりにもショックが大きく、記憶はとぎれとぎれだそうです。

そのときの心境を、タカギさんはこう言います。

自分には起こりえないこと、想像もしていなかったことが起こってしまったという感じでした。怖かったし、パニックでした。とにかく、衝撃と驚き。混乱状態でした。

同じ形のパーツで埋めようとした

筆者が接する日ごろのタカギさんは、落ち着いていていて非常に理知的な方です。話しぶりも理路整然としていて、同世代ながら頼りになる人物、という感じです。そのタカギさんが、心の安定を失いました。

自分にとって彼女は「いてくれるのが当たり前」で、「絶対になければならない場所」でした。彼女の優しさにどっぷりつかって、あんなに居心地のいい世界はなかったです。彼女に関わり合うことで自分が成立していたと思います。その彼女が突然いなくなった。非常に不安定でした。

混乱の中、通常なら考えないような思考回路に陥ったと言います。

「新しい彼女を作ればいいのか」とか、「だとしても、亡くなった彼女と同じ人をどうやって探そうか」とか、本気で考えました。彼女が亡くなったことで、なくなってしまった部分を、欠けたところと同じ形のパーツで、必死に埋めようとしたんです。でも、当たり前のことですが、それって不可能なんですよ。だってこの世に彼女と同じ人はいないわけですから。そのことに、途中でようやく気づいたんです。

自分の座標を確かめていた

タカギさんがとった行動は「話せる相手に話しまくること」でした。

自分を理解してくれると思える、数少ない人たちを相手に、電話して話していたんですよ。話さずにはいられない、聞いてほしい、聞いてくれという感じで。昼も夜も際限なく、同じような質問を何十回もして確かめて。それを毎日、何十時間もしていました。

彼女が自死したという事実。見つけたときの状況。そこに至るまでの記憶。そして、彼女はなぜそのような選択をしたのか――。

話をされた側も、最初は相当びっくりしたと思うんですよね。でも、私は確信的に話していました。自分の中でも咀嚼《そしゃく》できていない、消化できていないことを言葉にして、相手はどんな反応をするのか見たかったんです。「そんなこと、なんでもないいじゃん」って言う人もいるのか、「えー!」って言う人もいるのか。

それぐらい「いま自分がどこにいるのか分からなかった」と言います。

そういう作業をやって、自分がどれくらい特殊な環境に置かれたのかを確認しないとヤバいと思って、一生懸命でした。人に話すことで、自分の「座標」を確かめていたのかもしれません。

自分にとっての〝事実〟

彼女が亡くなった当時の状況について、タカギさんはずっと後になって、筆者にこのように話してくださいました。

当時、彼女は仕事ですごく悩んでいました。

もともと責任感が強くて、曲がったことが大嫌い。なんでもひとつひとつ、丁寧にやる人でした。勤務先である病院の環境や自分自身の働き方について、疑問に感じる点、納得いっていない点が多くあり、職場や上層部に対してストレスを抱えていたんです。

患者さんが必要とすることに応えられない状況を、とても気にしていました。その結果、思うように治療にあたれないという話もしていました。

タカギさんによると、そのような悩みを相談できる相手が、彼女の職場には

「いなかった」のだと言います。

だからボクがその話をちゃんと聞くべきだったのに、正面から受け止めずに、はぐらかして全然違う話をしたりしていたんです。

すると、日ごろは穏やかで優しい彼女が、普段は怒らないことで怒ったり、イライラしたりしました。そのことがきっかけで、ボクたちは数日間連絡をとりませんでした。

その数日の間に、彼女は亡くなったんです。

「彼女が亡くなったことには、そういう事実が、絶対的にあるんです」。もう何度も繰り返してきた考えをたどるように、タカギさんは静かに言いました。

壁打ち以外の方法を探す

当初は「話せる相手に話しまくっていた」というタカギさんですが、やがて、周りにいる人に話し続けるだけではどうにもならない、「限界」のようなものを感じ始めたと言います。

話を聞いてくれる人が周りに何人かいたことは本当にありがたいことでした。とはいえ、それを何十回、何百時間続けても「壁打ち」に過ぎないんです。そのことに無意識ながら気づいていって、もっとほかに、こういう話をするしかるべき相手や場所があるんじゃないかと思い始めたんです。

聞いてくれる人に話せば、相手は際限なく聞いて、相槌を打ってくれます。しかしそれはあくまでも、「自分が打った球の跳ね返り」に過ぎないというわけです。タカギさんは「しかるべき相手や場所」を求めて、インターネットを検索しました。そこではじめて「グリーフ」という言葉や、同じような経験をした人たちが集まって語り合う「グリーフカフェ」という場所があることを知ったそうです。

そこで、何カ所かのカフェに顔を出してみました。

それで分かったんですが、グリーフカフェって、場所や主催者によって、雰囲気とか話していることとか、全然違うんですよ。その中で、もりさんのところのカフェが、自分には一番しっくりくると感じました。

それが「暮らしのグリーフサポートみなと」で開かれている、「パートナー死別カフェ」でした。

彼女が亡くなってから、一カ月後のことでした。

カフェで得たもの

カフェに参加したタカギさんは、そこで感じたことを、その後の取材に対してこんなふうに語っています。

自分はどん欲に「具体的な対策」を知りたいタイプなんです。カフェでは、共通の体験をした人たちに「この状況を、あなたはどうやって生き延びましたか?」

と質問したかった。

ところが、同じようにパートナーを亡くした人でも、置かれた状況や感じ方、求めていることが「それぞれ全然違う」と感じたそうです。

その人たちの話を聞くことで、悲しさやつらさが伝わってきて、こちらもつらくなるときがありました。ただし、「こういう考え方もあるのか」と、予想していなかった情報が得られることもあり、総合的にはプラスの面が大きかったと思います。

そんなタカギさんは、カフェに「参加する」ことよりも、カフェが「そこにある」ことに、意味を感じたと言います。

調子がいいのにカフェに行って彼女の話をすることで、逆に引き戻されてしまう場合もあるんです。「きょうはそういう日じゃないな」と判断した日は、出席しません。カフェに行かなくていいということは、ある意味、すごく幸せな時間でもあるわけです。

行っても行かなくてもいい自由度があるけど、「つらい、話したい」となったときには行ける。そういう場所が存在していること自体が、自分にとってはありがたいです。あるとないとでは、全然違うと思います。

普通になってきたことへの不安

このようにしてはじめてのカフェに参加した一カ月後。つまり、彼女を亡くして二カ月あまりの時期に、タカギさんは「個別相談」を利用しました。もりさんと一対一で向かい合ったタカギさんは「きょうはもりさんに聴きたいことがある」と前置きして、語り始めました。

亡くなってからずっと、彼女のことを考えていないときはありませんでした。ところが最近、以前に比べると、なんかすごく普通というか、前向きな時間がちょっと増えている気がするんです。彼女のことを考える時間が少しだけ短くなったみたいで、ごはんも食べられるし、眠れています。

過去二カ月、本当に死ぬような思いで過ごしていたのに、これは一体どういうわけなんだと。たった二カ月しか経っていないのに、おかしいなと思っています。この先、リバウンドですごく気持ちが落ちてしまうんじゃないか。自分はいま、こういう境遇に置かれた人が通るプロセスのどの辺にいるのか、分からないので不安なんです。

グリーフには波がある

これにもりさんが、自分自身の経験を踏まえて話しました。

グリーフの感じ方には人それぞれの「波」があると思うんです。だから、タカギさんがいま感じている安定は続くかもしれないし、いずれ気持ちが低下したり、体のほうに反応が出てしまったりするときがくるかもしれません。この先どうなるかは、なんとも言えないと思います。

でも、もし気持ちが落ちることがあっても「こういう波が起きるのは、決しておかしいことじゃないんだ」と、あらかじめ分かっておくのが大事だと思うんです。

もりさん自身も、思い当たる経験があるのだと言います。

私は毎年、子どもを亡くした一〇月前後は気持ちが不安定になって「なんでこんなふうになるんだろう？」と悩みました。急に記憶がフラッシュバックして眠れなくなり、精神科にもかかりました。当時は、何も知らなかったので混乱し、それが全然異常なことじゃなかったと知るまでに、一〇年もかかってしまいました。

「最後の答え」をずっと探している

タカギさんは自分を「とことん突き詰めて考える性格」だと言います。

深く考えないで前に進むことが性格的にできないんです。彼女のことについても、どうして最後のところでそういう（自死するという）判断をしてしまったのか。彼女の性格と、私の対応の仕方とかを考えて、腑に落ちるところまで近づけようとしています。

それでも「答えは出ない」のだと言います。するど、もりさんがうなずいてこんな話をしました。

私も長男が自殺したときに、答えをずっと探していました。（霊が）見える人と言われている人に会いに行って「どうだったんですかね？」って相談したり。それほど「最後の答え」が欲しかった。「こういうことだから、こうやって自殺したんだよ」っていうのが欲しかった。でもやっぱり答えは見つからなかった。いまも見つからないですよね。

タカギさんがひとつの考え方を示します。

答えを「作ってしまう」というのはどうでしょう。こういうことだったから、こうだったんだって。

もりさんは「いいと思います」と同意しましたが、タカギさんはすぐに考え込んでしまいました。そして少しの沈黙の後、つぶやきました。

でも……（どのような答えを作っても）自分を責めますよね、当然ながら。

「大丈夫だよ」と言ってしまった

タカギさんは自分を責め、後悔している気持ちを語り始めました。

私は彼女の性格を知っているからこそ、彼女が「つらい」と言ったとき、あえて非常に冷たい態度をとったんですよ。こちらが「大丈夫？」と心配したりすると、より深刻になってしまうタイプなので、「大丈夫だって、そんなのは一時的なもので、なんでもないよ」と答えていたんです。その時点では、自分こそが彼女の一番近くにいて、彼女の親よりも、誰よりも、彼女を分かっているという自信がありました。

しかしそこに後悔があるのだと言います。

後からよく考えてみれば、彼女が「つらい」なんて言うことはめったになかった。くそまじめな彼女が、そういうことを言わなくちゃいけない状況になっていた。それなのに、「私、変かもしれない。だめかもしれない」って言われたとき、私は怖さもあって「何言ってるの?」という返事をして、寄り添うレベルの会話はしていなかったんですよ。なぜ自分はあんな対応をしてしまったのか。

その気持ちは、この先も消えそうにないと言います。

今後、普通に生活していく中でも(彼女の死を巡って)苦しむわけじゃないですか。思い出して考えて、それを何十年間、続ける。あるいは死ぬまで続けるかもしれないと思っています。

彼女の記憶につながる場所へ

この個別相談の少し後に、タカギさんは、それまで勤めていた会社を辞めて転職しました。彼女が亡くなったこととの間に因果関係があったのか。ずっと気になっていたことを後になって尋ねると、こんなふうに教えてくださいました。

彼女が亡くなって、仕事が手につかなくなり、周りに迷惑をかけてしまうことがあったので、このままではいけない、どこかで環境を大きく変える必要があると、漠然とですが、強く思っていました。

そのことは事実で、転職の理由を尋ねられた際には、そう説明してきたそうです。しかし実際のところは、別の事情があったのだと言います。

実は、転職活動はうっすらとですが、彼女が亡くなる前から始めていたんです。ある企業の面接が終わった帰り道、ボクは真っ先に彼女に電話しました。こんな会社だった、面接ではこんな話をしたということを報告しました。

彼女はいつも通りの彼女で「うんうん、そうだったんだね」と、ぜんぶ穏やかに聞いてくれました。

そのことを、後で振り返って、思い至ったのだそうです。

考えてみると、彼女はあの時点でもうかなりつらい思いを抱えていて、生きるか死ぬかのところにいたんです。にもかかわらず、僕はそこに気づくこともせず、こっちの話を一方的にしたんです。

ボクはその企業に就職しました。絶対に忘れられない、彼女に関する記憶が絡んでいる場所を、あえて選んだんだと思います。

彼女との関係が修復されてきた

タカギさんはいまも、その転職先の会社で働き、営業マンとして世界中を飛び回っています。彼女が亡くなってから四年。当時を振り返って感じることや、近況について改めて伺いました。

あの頃は、彼女を思い浮かべて、きっと苦しんでいるだろうとか、悲しんでいるんだろうとか考えることが多かったんです。でもいまは、彼女はきっと自分に味方してくれている、励ましてくれているというような考えに行きやすくなりました。彼女との関係性が修復されている、改善されていると勝手に思っています。

また、彼女を思い浮かべるときの「位置関係」が変わってきたと言います。

以前はいやがおうにも、彼女は私の目の前にいて、向かい合ってこちらを見ていたんです。その結果、なんでも彼女を通しているような感じだった。彼女を通して仕事して、テレビ見て、ごはん食べて。でもいまは、隣にいて寄り添ってくれているような感覚です。

時が経つとともに「痛みのようなものは減ってきた」そうで、心の中で、彼女にかける言葉も変わってきたと言います。

以前は毎日「ごめんなさい」をしていたのですが、いまは「ありがとうね」とか、「いまどうしてる？　こっちはこんな感じだよ」という普通の会話ができるようになってきました。

深まる自己嫌悪

一方で、時が経っても変わらない、むしろ深まりつつあるつらさがあると言います。

彼女のあのとき（亡くなるとき）の心境が、どんなものだったんだろう、どうしてあそこまでの苦しい気持ちになったんだろうっていうことは、時間が経ったぶん、むしろ深掘りするようになっているんです。

その結果「なるほど、こういう気持ちで、こう考えたんだな」と、点と点がつながり始めている感じがするんです。


そのことにより、さらに自分を責めてしまうと言うのです。


「そういう状況だったのに、自分がとっていた行動があまりにもポイントがずれていたんじゃないか」「自分はよくあんなこと言えたな」「もっとこうしておけばよかった」というのがわき上がってきます。

自分が彼女に対してしていた行動が、とんでもないことだったんじゃないか。

その自己嫌悪が、きますね。

逆の立場で分かった彼女の気持ち

実はいま、タカギさんには交際しようとしている女性がいます。タカギさんよりかなり年下です。その関係がさらに、気持ちを過去に向かわせるのだと言います。

亡くなった彼女は、私の六つ年上でした。私はまったく気にしていなかったんですが、彼女は年齢をとても気にしていました。

そして今回は私が年上で、甘える側ではなく女性をケアする側に立っています。亡くなった彼女と同じような立場に立たされることが多くなっているんです。

すると、以前は分からなかったものが見えてきたと言います。

そうなってはじめて、亡くなった彼女の気持ちが分かったんです。あのとき言っていた言葉の意味とか、寂しかった状況とか。

もしかしたら、彼女がわざとこういう（同じ経験をする）ような状況を作ってくれたのかなとさえ思います。

これからの交際に感じる怖さ

だからこそ、悲しいことがもう二度と起きないように、細心の注意を払っているのだと言います。

新しい彼女には、こういう話は一切していませんが、亡くなった彼女にしてあげられなかったこと、本当はこうすればよかったんだってことを、ちゃんとするようにしています。

ずるい、自己満足に過ぎないことは分かっていますが、（新しい）彼女の言葉にはどういう意図があって、どのぐらい悲しんでいて、どのぐらいつらいのかを、思いっきり見るようにしています。対応の仕方も考えて、ちゃんと行動にするようにしています。

しかしそれでもなお、不安があると言います。

自分はあんなに近くで、あんなに理解していたつもりだったのに、結局は彼女があいう状況になる（自死する）まで、なんの力にもなれなかった。ただの自信過剰だったわけです。

そう考えると、いま、新しい彼女にいろいろしてあげているつもりでも、実はそれさえまったくの勘違いで、全然理解できていないという可能性もあるわけじゃないですか。つまりいま現在も、あの頃と同じようなことが起きていてもおかしくないわけじゃないですか。

タカギさんはそのことが「怖い」と言いました。

自分の無力さや頭の悪さが怖いんですよ。自分のそういうところがほんっとうに信じらんないし、いまも許せないんです。そこは薄れないんです、ずっと。

「答えはない」という答え

自分のことを「とことん突き詰めて考える性格」と分析していたタカギさん。なぜ、彼女は亡くなったのか。ずっと考え続けてきました。

自分と同じように、いわゆる「自信過剰」な人って、ほかにもいると思うんですよ。でも、そういう人のパートナーがみんな自死しているわけじゃないじゃないですか。じゃあ、どうして自分の彼女は亡くなったのか。その違いはなんなのか。あのとき、オレが付き合ってくださいなんて言わなければこうならなかったのか。そもそも出会わなければよかったのか。ほかの人と付き合っていたら、いまごろ彼女は……とか。

タカギさんの友人たちは「あなたのせいじゃない」「タカギさんと付き合った

からこそ、彼女は幸せな時間もあった」などと慰めてくれるそうです。

でも、本当にそうなのか。実はすべて「可能性」「仮定」の話で、結局、答えはないんですよね。地球上に同じ人間が二人といない以上、私と相手がそういう関係性になって、結果的にそうなった（自死した）ことっていうのは、この世にたったひとつのケースなわけです。これは結局、ほかの誰とも、何とも比べようがない。だからいくら「タカギさんのせいじゃない」と言ってもらったところで、事実なんだけど事実じゃないというか。

答えはいまも出ていません。

悔しいですし、言葉はアレですけど「会うべき人どうしが会って、そういう人どうしがそういう自分を出し合っているうちに、そういう関係性になって、なるようになってしまった」っていう、なんだか他人事みたいな言い方になってしまうんです。

「事実は正しい」という言葉通り、つまりは結局、ああならざるをえなかったのかな、とかね。そういうことを考えるともう、答えがないんです。

低空飛行で生きる

その日、取材に同席してくださっていたもりさんが、タカギさんに尋ねました。

「タカギさんは、自分が幸せになってもいいと思いますか?」

グリーフを抱える人の中には、故人を思い「自分だけが幸せになってはいけない」と考えたり、自分を責める気持ちから「自分には幸せになる資格がない」と考えたりする人も多いからです。

タカギさんはこう答えました。


彼女を亡くした頃は「あと何年で死ねるのかな」っていうことしか考えていなかったんです。四〇歳を超えて、あとだいたい三〇年くらい適当に生きていれば、意識もぼんやりしてきて死ねるだろうと。三〇年ならそんなに長くないから、じゃあ頑張ろうかとか、そういう感じだったんです。

そしていまも「幸せになりたいとかは、あまり考えていない」と言います。

死なないようにしている、という程度です。普通に仕事して生きていく。しかも、なるべく「低空飛行」にしておこうと思っているんですね。

彼女を亡くす前はもっと高いところを飛んでいたと思うんですが、いまは下がることのつらさ、落ち込みを知っているので、あえて低くしておくという。ずっとそんな感じです。

[コラム]

打ち明けるときなぜか謝る

タカギさんは、彼女が亡くなった後「自分の座標を確かめる」ために、周りにいる、聞いてくれる友人たちに「話しまくっていた」というお話でした。

　このお話にもりさんは「自分の気持ちを話せる、聞いてくれる人がいる環境は大切ですよね」と、しみじみ言いました。実際には、身近な友人に対しても、話しづらい場合が多いからです。

「こんな重い話をしてごめんね？」「暗い話でごめんね、迷惑でしょ？」――。

　大切な人を亡くした経験を誰かに話すとき「つい謝りながら話してしまう」というお話は、カフェの中でも時々語られてきました。相手に迷惑になると考えて、打ち明けることをためらってしまうのです。

　このことにもりさんは疑問を投げかけます。

「誰にでもいつかは別れがあるはずなので、気持ちを話すこと、聞くことは〝お互い様〟ですよね？　それなのに、苦しい思いをしている人が謝って話さなければいけないのは、なんだか変だなあって思いませんか？」

　グリーフカフェでは、謝る必要はなく、心の内を、気兼ねなく話すことができます。

クロージング——カフェの終わりに

およそ九〇分間のカフェが終わりに近づくと、ファシリテーターの進行で必ず「クロージング」が行われます。

さて、そろそろ終わりの時間が近づいてきました。

みなさんには、きょう解放した悲しみをここに置いて、現実世界に戻っていただかなければなりません。

クロージングは、参加した人の心と体を守るためにとても大切な時間です。カフェでは普段話さないことを話したり、日ごろは隠している感情を表に出したりしているので、いつもとは違う自分になっています。そのまま街に出れば、思わぬ事故やトラブルに巻き込まれかねないからです。

いろいろと話したので、いまは楽になっているかもしれませんが、グリーフが消えたわけではありません。

現実の社会に戻れば、聞きたくないことを聞かなければならなかったり、そのことで傷ついたりすることもあると思います。私たちはそういうところに帰っていくために、ここで脱いだ鎧《よろい》をもう一度着なければならないのです。

そこで、きょうこの後、どのように過ごすかをお互いに話して、シェアしたいと思います。

参加者はトーキングスティックを回しながら、「これからの現実」を語り、お互いに聞くことで、日常に帰っていく準備をします。

亡くなった家族のお墓参りにいくという人。

最近通い始めたジムに、筋トレをしに行くという人。

伸びてきた庭の木を剪定するという人。

クロージングは、非日常から日常への、そして、荒波が逆巻く現実社会に戻っていくための「橋渡し」なのです。

最後にファシリテーターが締めくくって、カフェは終わります。

お時間になったので、これで終わりにします。ありがとうございました。きょうは悲しみが解放されていますので、どうぞ気をつけてお帰りください。

第四章　専門家のお話

グリーフは、一〇〇人いれば一〇〇通り。決まった形はありません

――髙橋聡美先生

　ここでは、グリーフサポートに長年関わってこられた、専門家の先生にお話を伺います。髙橋聡美《たかはしさとみ》先生です。メンタルヘルスの分野のエキスパートで、「暮らしのグリーフサポートみなと」が設立された当初から、ファシリテーター養成講座の講師を務めてこられました。

　先生のお話を聞くことで、グリーフやグリーフサポートについて、より広い視点から考えたり、理解したりしてもらえるのではないかと思います。

グリーフに決まった形はない

——今回、カフェの参加者やファシリテーターの方々、五人にお話を伺いました。大切な人を亡くしたことによる気持ちや考え、行動など、本当に様々だと思いました。

グリーフが生じた際に、気持ちや思考、身体や行動などに起きる変化をまとめて「グリーフ反応」と呼びます。グリーフやグリーフ反応は人それぞれで、「一〇〇人いれば一〇〇通り」あります。「これが正解」といえるような、決まった形はないんです。

——とはいえ、不思議に重なる部分もありました。クリスマスをはじめとするイベントなど、特定の時期がつらい。以前は当たり前にこなしていた日常的なことができなくなった、といったお話です。

遺族が持つグリーフやグリーフ反応に「傾向」のようなものがあるのは確かです。例えば、一日中ぼんやりしてしまう、集中力がなくなる、これまでしなかった行動や思考をしてしまう……など、遺族がよく経験することがらはあります。ただし、大切なのは、これらはあくまでも「傾向」に過ぎないということなんです。

——つまり、どういうことでしょう?

家族を亡くして一日中涙が止まらない人もいれば、まったく涙が出ないという人もいます。これらはどちらもありえることですし、間違いではありません。涙が出たから悲しみが深く、出ないから浅いという単純なことでもありません。

故人との関係性や、亡くなったときの状況、ご本人の性格など、様々な要素が絡み合って、グリーフやグリーフ反応が生まれます。「こんなふうになるなんて、自分はおかしいのではないか?」と心配になることがあるかもしれませんが、どんな感情も、どんな反応もありえます。それがグリーフであり、グリーフ反応なんです。

グリーフには「歩み」がある

――五人それぞれの方が「大切な人を亡くしてから、気持ちがどのように変化してきたか」を、順を追って、とても細やかに教えてくださいました。

グリーフは、人それぞれで異なるだけでなく、その人自身の中でも変化します。いつも同じ状態というわけではないんです。

一般的に、グリーフにはその人の歩み、「プロセス」があると考えられてきました。大切な人を亡くしてショックを受けてから、その後の生活に適応していくまで、段階を踏んで回復し、再び生きていけるようになる、という考え方です。

髙橋聡美氏

グリーフのプロセスには多くの考え方や説がありますが、ここでは一般社団法人日本DMORT（災害死亡者家族支援チーム）による「悲嘆（グリーフ）のプロセス」を引用します。

悲嘆のプロセス

一　ショック、感覚鈍麻、呆然自失
二　事実の否認
三　怒り
四　起こりえないことを夢想し、願う
五　後悔、自責
六　事実に直面し、落ち込み、悲しむ
七　事実を受け入れる

八　再適応

日本DMORT（災害死亡者家族支援チーム）編
「家族（遺族）支援マニュアル（2024年能登半島地震編）」より

――具体的に言うと、それぞれの段階で、どのようなことが起きますか？

ほんの一例ではありますが、挙げるならば以下のようなことです。

・**ショック**……大切な人が亡くなったことについて、記憶があいまいだったり、実感が湧かなかったりする。
・**否認**……大切な人が亡くなったという事実を認めない。
・**怒り**……故人が入院していた医療機関や、よかれと思って慰めの言葉をかけてくる人に怒りやいら立ちを感じる。
・**夢想や願い**……「故人が帰ってくるのではないか？」などと考える。

・**後悔や自責の念**……「故人のためにもっとできることがあったのでは」「自分のせいで亡くなったのではないか」などと考える。
・**悲しみ**……本当に亡くなったのだという事実に直面する。
・**受容**……亡くなったという事実を、揺れる気持ちの中で受け止めていく。
・**再適応**……亡くなった人の思い出とともに、これからの人生を歩んでいけるようになる。
（参考：髙橋聡美『大切な人を亡くした人の気持ちがわかる本』）

――つまり、グリーフを抱えている人は、誰もがこの「プロセス」のどこかにいて、「再適応」に向かっている、と考えられるのでしょうか？

ところが、そういうわけでもないんです。実はこれらのプロセスは、必ずしも順番通りに進むわけではありません。さらにはひとつ飛ばして先に進むこともあれば、進んだと思っても、また逆戻りすることもあるんです。

――自分のこととして想像すると、最初のほうのショックや否認、怒りは自然に湧いてきても、事実に直面し、受け入れるのはつらいことのような気がしてしまいます。

グリーフはその人自身のものであり、その人が向き合うことで、これらのプロセスが始まります。グリーフから目を背けている限り、回復に向かうプロセスは進みません。

とはいえ必ずしも「再適応しなければダメ」というわけでもないんです。再適応は「ゴール」ではないのです。

――そうなんですか……?

再適応することで、生きづらさが減るとは思いますが、グリーフが完全に消えるというわけでもありません。

プロセスの途中で止まる人もいます。例えば、故人が亡くなったことを認めない、つまり「一」の「否認」のところで止まったまま、生きていく人もいます。

そういう場合も、それはそれで仕方がないのではないかと思います。それもまたその人のグリーフの形であり、歩みなのですから。

「分かってもらえる感じ」が心を癒す

——カフェでは、もりさんがいつも「ここに来たからといって、グリーフが消えるわけではありません」と言います。それでもみなさん、この場をとても大切にされて、足を運んでいらっしゃいました。

心の問題で病院にかかると、薬を処方されることがありますよね？　抗精神病薬といったものです。じゃあそういう薬を飲めばグリーフが消えるかというと、そうではない。人の心は薬だけでは癒されないわけです。

その点、カフェには、同じような経験をした人どうしが集まります。

人って同じような経験をしている人と話すと、「あ、分かってもらえる」という気になるじゃないですか。この「分かってもらえる感じ」が、癒しのプロセスの中で必要なんだと思うんです。
——確かに、当初は友人などに話をしたものの、いくら親しくても同じような経験をしていないと、話しても苦しくなることがあって、その結果、カフェにやって来たという方々がいました。

経験や気持ちを「語る」という意味では、個別のカウンセリングを受けたりすることも、選択肢のひとつとしてあると思うんですが、そうすると「話を聞いてもらうだけ」になるんですよね。

一方で、お互いに話すと「分かる分かる」と理解し合えたり、自分の体験が誰かのためになったり、ということがある。分かり合える、気持ちを受け止めてもらえる場所。カフェはそういう場と機会なんだと思います。

——私が見ていたカフェの中でも、参加者の方どうし、「自分も似た経験をした」「同じようなことを思った」というやりとりがたくさんありました。

ただし、だからといって「すべてのご遺族がカフェに来て話すべきだ」というのも違うと思うんです。「混乱していていまは話せない」「話したくても言葉にならない」という人もいると思います。大切なのは、どんなフェーズにあっても、どんなあなたでも受け止める、そういう場があることだと思っています。

私たちの社会は「グリーフリテラシー」が低い

——カフェやその周辺を取材していて感じるのは、こういう場所があることがほとんど知られていないということです。私自身、取材で関わるまでは知りませんでした。いまも「グリーフ」という言葉さえ知らないという人も多いです。

例えば、人生を通して癌にかからない人はいますよね？　でも、死別体験をしない人は絶対にいません。必ず、誰かを亡くします。親、兄弟、おじいちゃんおばあちゃん、友だち。みんなが絶対経験することなのに、この社会は大切な人を亡くした人への理解や寄り添い方、つまり「グリーフリテラシー」みたいなものがすごく低いと感じます。

――それはどうしてだと思いますか？

ひとつには、日本の文化的な背景があると思います。日本は古来、死に関して忌み嫌うような文化がありますよね？　地域によっては、喪が明けるまで出かけてはいけないとか、誰か亡くなったら初詣には行けないという風習が残っています。「死人が出た家には穢《けが》れがある」というようにとらえる文化はすごく根強いんです。人が亡くなったことやその悲しみを語ることが遠ざけられてきたので、そういう場もなかなかできないし、理解も進まなかったんだと思います。

――なるほど、納得できる気がします。

かく言う私自身も、かつてはグリーフについて、よく分かっていませんでした。

自死遺族の分かち合いの会を始めようとしていたおよそ二〇年前、悲しみや憎しみ、恨みといった、過酷な感情の嵐の中に身を投じるようなつもりで身構えていました。

でも、実際に中に入ってみると、みんな普通に笑うし、普通の生活の中にグリーフがあるというだけです。

——カフェでも、参加者からは笑い声が自然に起きていました。みなさん、ずっと暗いわけでも、泣いているわけでもなかったです。

私は親を亡くした遺児たちのグループにも関わっていますが、彼らも普通に明るいい子たちです。いま考えると、「遺族はきっとこうだ」という思い込みで、勝手な想像をしていたんだと思います。

世間が思い描く「ご遺族像」がある

——「グリーフリテラシーの低さ」によって、どんなことが起きていますか？

例えば、社会的に注目される事件で奥さんと娘さんを亡くされた男性がいます。彼には「元気でいてくださいね」「笑顔が戻りますように」というコメントが届く一方で、彼が笑っている姿がテレビで放送されたりすると「妻と娘が亡くなったのになぜ笑えるのか」という批判が来るのです。髪を切って少しパーマを当てて、スーツを着てこぎれいにして裁判所に行ったら「パーマをかける余裕なんかあるのか」と文句を言ってくる人さえいます。

——そりゃ生きているんだから、笑うこともあるし、パーマも当ててますよね、普通に。

そうなんですよ。じゃあ逆に髪の毛ボサボサ、よれよれの服装で行けばいいのかという話ですよ。もしそうしたらしたで「心配です」と言ってくる人がいるでしょう。

また別の事件で、奥さんと娘さんを亡くされた男性には「いつまでも亡くなった人にこだわっていないで、早く再婚しなさい」というようなメッセージが届きました。やがて彼が再婚すると、今度は批判の嵐です。

――一体どういう人が、なぜそういうことを言ってくるんでしょう？

ご遺族にも事件にも、なんの関係もない人たちです。そういう人たちから、「遺族は四六時中悲しんでいる」「笑顔はないくらい打ちひしがれている」というような「ご遺族像」が押し付けられているわけです。世の中は勝手なんです。「自分が思うご遺族像」があり、それに〝はまって〟いないと嫌がります。そこに偏見があることにも気づいていないんです。

「よかれ」と思って言う言葉が相手を傷つける

――ほかに「グリーフリテラシーの低さ」を実感される場面はありますか？

もりさんに対して「もりさんがあの経験をした（息子さんを亡くした）のは、こういう活動をするためだったんだね！」と言ってくる人がいます。

――なんと……それはどういうつもりですかね？

あたかも、もりさんを思って言っているようで、実は自分が納得して、自分の答えを出したいだけなんです。

「私がもりさんだったら、とても生きていけない！」と、もりさんに直接、言った人もいました。本人は悪意なく、むしろ「もりさん、すごいね！」と褒めているつもりなのでしょう。

褒めたい気持ちは分かりますよ。私も、もりさんはすごいと思う。でも、そんな言い方で、言われたほうがどう感じるかに、思いが至らないんです。

――ここは私も、誰かにそういうことを言ったことがあるかもしれないという自戒を込めるところですが、カフェでも、いわゆる「二次的な傷つき」のお話がたびたびありました。「いつまでも悲しんでいると故人が悲しむよ」「時間が解決してくれるよ」といった、「分かったふう」な言葉が、参加者を傷つけていました。

まったく悪意はなく、むしろ「よかれ」と思って言っているので余計に厄介なんですよね。これらはほんの一例ですが、世の中のグリーフのリテラシーが低いから、グリーフを抱えた人が日常のコミュニティの中で過ごそうとすると、「傷つき体験」をしてしまうんです。

その結果、カフェのような分かち合いの会がますます必要とされているんだと思います。同じような体験をした人どうし「会社でこんなことを言われた」「親戚にこう言われた」という話をすると、「私も言われたよ!」「そうだよねー、あるある！」と、なる。そういうことを言い合える感覚っていうのが、カフェの大事な要素になっていると思います。

グリーフサポートを巡る日本と海外の違い

――グリーフやグリーフサポートが知られていないのは、日本ならではですか？海外の事情はどうなっているんでしょう？

日本でグリーフやグリーフサポートへの理解が広がらなかった理由のひとつに、海外との「仕組み」の違いがあると思います。

アメリカやイギリスでは、ソーシャルワーカーがグリーフサポートに関わります。経済的なダメージを負っている人には支援する機関を、法的な対応が必要なら弁護士さんを紹介するように、その人にメンタルのケアが必要だと思えば、病院やカウンセラー、時には（グリーフカフェなど）分かち合いの会につなぎます。

――なるほど。日本はどうですか？

ところが日本には、グリーフサポートへの架け橋となる専門職がないんです。そこには、グリーフサポートをどの分野のどういう人たちが担うのかが、あいまいにされてきたという背景があります。

――というと、どういうことでしょう？

例えば日本の医療の現場では、あくまでも病気の治療が目的で、緩和ケアを行う場合も「亡くなるまで」がミッションです。亡くなった後のことは範疇外でした。看護の世界でも、「看取るまで」が仕事で、グリーフという言葉が出てきたのはこの一五年、二〇年くらいのものなんです。

カウンセラーとして働く人たちのカリキュラムの中には、一般的な悩みに対するカウンセリングや心理テストといった項目はあっても「グリーフ」という項目は、長らくありませんでした。

つまりグリーフサポートが、医療なのか看護なのか福祉なのか。一体どこの守備範囲なのか、非常にあいまいなまま来てしまった。その結果、どこもそこを担ってこなかったわけです。

ボランティアと「自力」に頼る社会

——それで、現状は一体どこが担っているんですか？

現状は……ご覧の通りボランティアです。グリーフサポートを担う中心はボランティアですし、そこにたどり着くのは、なんと「自力」です。自力でつながるしかない。日本って、自力でつながらなくちゃいけないことって、たくさんあると思いませんか？　高い税金を徴収されているけど、欲しい支援が自動的に来ない。申請しないと来ないんですよね。

——それ、ずっと気になっていました。つらい人に、さらにつらさを強いるんですよね。いま大変な思いをしているから助けてくれって言っているのに、その人がもっとキツい思いをしないといけないことが多い。

ひとつには、死別に対して「そんなの誰でも経験する、当たり前のことじゃん」みたいな感覚があるんだと思います。

親が自分より先に死ぬのは当たり前で、みんなが経験してきたことなんだから、あなたもうまくやり過ごしなさいよ、自分でなんとかできるでしょうという考え方。でもね、それは経験していないから言えるんですよ。実際に自分がその立場に立ってみたら、そんな簡単なものじゃないですよ。

——今回お話を伺った方々、五人とも、とても大変な中、自分でインターネットを検索してカフェの存在を知り、ようやくたどり着いていました。

グリーフが日本で知られるようになったのは阪神淡路大震災のときで、その後も福知山線の事故や東日本大震災といった、大きなことがあるたびに注目されてきました。私が拠点としている仙台では、葬儀屋さんがグリーフに関するパンフレットを作って配ったりしています。そういう意味では、以前よりはだいぶ、理解も深まってきた、少しは広がってきていると思っているんですが……。

グリーフと家族のこと

――今回、みなさんのお話を聞いてひとつの大きなテーマだと感じたのは、グリーフを抱える人と家族の関係です。例えば、お子さんを亡くした後、夫婦の関係がギスギスして、別居したり離婚したりしたというお話がありました。

阪神淡路大震災の後、お子さんを亡くされたお母さんたちを対象にして行われた調査報告があります（二〇四頁の「※」を参照）。それによりますと、夫との離婚や別居が「かなり高い比率」だと指摘されています。また、「夫の自死」というケースも起きていました。

――そうなんですか……知りませんでした。

そういったことが分かっていたので、東日本大震災のとき、私はお子さんを亡くしたご夫婦に対して「たとえ夫婦であっても、グリーフ反応はそれぞれ違うものです」ということを説明するようにしたんです。

――それはぜひ、知っておきたいことですよね。

例えば、お子さんを亡くした後、妻はずっと泣いていて、夫は淡々とお葬式をやっていたとします。妻から見ると「どうしてこの人、平気でいられるんだろう」と思う。夫は「こいつはどうしていつまでもメソメソしているんだろう」と思う。しかし泣いているから悲しくて、泣いていないから悲しくないというわけじゃない。グリーフのあらわれ方や歩みは人それぞれ違うものです。「そこはお互いを尊重してください」と言いました。

――そこには「夫婦なんだから」「家族なんだから」自分が悲しければ相手も同じように悲しいはずだっていう気持ちがありますよね、きっと。

そう。そう思ってる。だからちょっとでも違うと「おや？」となるんです。でも「お互い違うものなんだ」ということを一回伝えておけば、ご本人たちも「ああ、そうなんだ」って分かるじゃないですか。何も知らないから、夫婦間がギクシャクするわけです。

――知っているのと知らないのとでは大違いだと思います。

同じようなことは兄弟姉妹でも起きます。例えば高齢の親が亡くなったとき、介護をずっとやっていた人とそうでない人とでは、思うことが違いますよね？介護をしていた長女は、解き放たれた気持ちから「ホッとした」と言います。妹はそれに対して「お母さんが亡くなったのに何言ってるの？」となるわけです。思うことはそれぞれ違うんだということを知らないと、今度はきょうだい間に亀裂が生まれて、さらなる喪失を生んでしまうんです。

――これはいまの日本で多く起きていることでしょうね。

そういうことを防ぐためにも、やっぱりグリーフリテラシーが必要なんだと思います。喪失体験をしたときに、どういう反応が起きるのかとか、周りの人がどういうふうに接したほうがいいのかとか。そういう基本的なところを、ある程度常識として知っておくのがいいと思うんです。

※『喪失体験と悲嘆――阪神淡路大震災で子どもと死別した34人の母親の言葉』（高木慶子著、医学書院）より。震災で子どもを亡くした母親三三人のうち、死別後、三年六カ月までの間に、四人が別居、四人が離婚を経験。

グリーフの主導権を奪わない

――先生が、グリーフを抱える人の話を聞くとき、心がけているのはどんなことですか？

自分の価値観や経験はいろいろありますが、それらはわきに置いて「ああ、そうなんだね」と聞くことです。例えば、大切な人を亡くした直後に、泣きもせず、明るく楽しい話ばかりする人がいるとします。正直「大丈夫かな？」と思うけど、それってこちらのジャッジで、私の気持ちなんですよね。

楽しい話をしていたいのか、泣いていたいのか、怒りが収まらないのか。それは本人が選ぶことなんです。「こちらの考えで、その人を勝手に問題にしてしまわないこと」を心がけています。

――「ただ、聞くこと」の大切さは、カフェを見ていると本当に感じます。

ご遺族に対しては、まず「私は何をしたらいい？」って尋ねるようにしています。話を聞くだけでいいと言われれば聞きますし、アドバイスが欲しいと言われればするし、こういう相談をしたいということであれば、しかるべき場所につなぐし。相手がしてほしい以上のことはしないし、先走ってやることもしません。グリーフの主導権はその人にあるので、それを奪わないようにしています。

専門家だって落ち込むことがある

――先生のような専門家も、喪失のつらさを感じたり、落ち込んだりすることってあるんですか?

落ち込みますよぉ! よくね、「この感情をどういうふうに処理したらいいんだろう?」って分からなくなってしまうときがあります。

その気持ちを親しい人にぶつけると、「あなた、そういうことを専門にやっているんでしょう?」と言われるんですが、それとこれとは別なんです。

時には心療内科の先生にかかることもあるし、トラウマみたいなことでフラッシュバックがあるときは体調に影響が出るから、整体に行ったりもしています。

私も、人の力を借りながらセルフケアをしているんですよ。

——専門家だから、自分で自分の感情に対処できる、というわけではないんですね……？

どんなに知識や社会的立場があっても、いざその場に身を投じると、誰だって思わぬ反応を起こすし、あらわれるものなんだなぁって思います。

私の身近な例を挙げますと、うちの夫は、東京大学の教授で科学者なんです。日ごろからとても理路整然としていて、ロジカルにものを考える人なの。そんな彼のお父さんが入院して、意識がなくなり、いよいよ二四時間透析をしないと体がもたないという状態になりました。夫が私に電話をかけてきて「医学的な立場から、聡美はどう思うか？」って聞いてきたんです。

——どう答えたんですか？

私は「はっきり言って、透析をし続けて命を長らえるのは、あなたたち、つまり息子たちのためであって、お父さんのためにはならないと思う。医学的にも、なんら意味はないと思う」と答えました。「でも、あなたたちが、一分でも一秒でも生きていてほしいと思うなら、透析をやったらいいと思うよ」って。そしたら彼は「そうか、そうだよな。ただ延命するだけの処置なら父を苦しませるだけだから、透析断るわ、ありがとう」と言って、電話を切ったの。

そしたらその一、二時間後に、彼から電話がかかってきて「透析頼んじゃった」って泣いているんですよ。父親を楽に死なせてあげることもできないって。

——理屈や道理は分かっていても、というか、むしろ分かっているからこそ……。

いつもはとても知的に生活している彼でも、いざお父さんが死ぬってなると、心乱れたり、あがいたりする。あのときはすごく意外だったなぁ。

グリーフサポートで「負の連鎖」を断ち切る

――先生はどうしてグリーフサポートの分野に関わるようになったんですか?

実は、はじめからこの分野に目的やミッションを持っていたわけではなく、いうなれば「なりゆき」なんです。もともと看護師としてメンタルヘルスに携わっていたので、自殺対策をやるようになって、その中に遺族支援というのもあったから、そこからグリーフケアもやるようになって……。

――そうだったんですか!?

ただ、自殺対策のことをやっていると、いろんな「生きづらさ」をひとつずつつぶしていかないといけないんです。「死にたい」と言っている人たちを助けるというよりは、いろいろな理由で疲れていたり、苦しんでいたりする人を救済することで「死にたい」を減らしていくということをしてきました。

子育てや介護で疲れている人たちを救済することで、死にたい人が減っていく。それと同じように、グリーフで苦しんでいる人たちを救済することで、死にたい人を減らしていく。いろんなサポートの中に、グリーフサポートがあったんです。

――なりゆきとはいえ、このように長く、深く関わってきたということには、きっと理由がありますよね？

これはいま考えてみれば、という後付けの理由ですが……我が家は父がアルコール依存症で、入退院を繰り返していたので貧困家庭だったんです。そして子どもである私の目の前で、父から母へのDVがありました。そのような家庭だったので、私は大学に進学できず、お給料がもらえる看護学校（自衛隊中央病院高等看護学院）に入ったんです。そうするように言われたから。

――小さい頃から看護師になりたいわけじゃなかった。

そう。そんな気は全然なかったんです。だから一度働いた後、二八歳で大学に入って、博士号も四〇代になってからとって、その過程でグリーフサポートにも関わるようになったんです。

そうなってみて父のことを考えると、父は戦争遺児なんですよ。戦争で父の父、つまり私の祖父が亡くなっています。その結果、父はとても惨めな思いをしたんです。

もしその頃、メンタルケアやグリーフケア、貧しい子どもを進学させられる支援があったとしたら、父の生きづらさはもっと減っていたんじゃないかと思ったんです。

――そうだったんですね。

そして二〇一一年、東日本大震災が起きました。私は仙台にいて、二〇〇〇人の震災遺児がうまれるのを目の当たりにしたんです。そのとき、この子どもたちに、私の父のような思いをさせてはいけない、惨めな思いをさせないぞと思ったんです。

――子どもたちのメンタルケアをすることは、その子どもたちの将来の子どもたちにも関係していきますね?

そうですね。どこかの時代の不幸なできごとは、世代を超えて連鎖していきます。私自身はグリーフについて勉強したことで、自分の子どもたちに対して、貧困をはじめとする負の連鎖を止めることができました。これはやはり知識、リテラシーがあったから止められたと思うんです。

グリーフには「平時の備え」が大切

――先生は長年、「暮らしのグリーフサポートみなと」で、ファシリテーター養成講座の講師を務められています。

勉強会でもりさんと知り合ったのがきっかけです。NPOを作って、カフェを開こうとしているというお話だったので「手伝いますよ」と言ったんです。私自身、もともと分かち合いのグループを作っていて、その後に東日本大震災が来て、作っておいたことが非常に役立ったんです。「こういうものは、平時に作っておかないと、何か起きてからでは無理だ」と思っていました。

——私も「平時」がとても大事だと感じます。グリーフやグリーフサポートについて、日ごろから考えておくことは、いうなれば「転ばぬ先の杖」だと思うんです。何も知らない状態で心に嵐が来るよりは、「グリーフ」という言葉を知っているだけでも、ちょっと違うと思うんです。

そうですね。私はいま、生まれ故郷である鹿児島でラジオのレギュラー番組を持っていて、ずっとグリーフをテーマに話をしているのですが、すごく反響が大きいです。

その中に多いのが「家族と死別したけど、このつらさは、ひとりで耐えなきゃいけないものだと思っていた」とか、「親を亡くす経験をしたのは私だけじゃないから、まさか自分がサポートを受ける対象だとは思っていなかった」という声です。みんな知らないし、気づいていないんですよ。

——知らないと、余計につらさを抱え込むことになってしまいます。

これって実は、いろんな生きづらさを抱えている人にもあてはまる話だと思います。例えば子育て。自分が親だから、みんなやってきたことなんだから、人に頼らないでやらないといけないとか。介護にしても、自分の親なんだから面倒見て当たり前と考えて、仕事を辞めたりとか。そういう自己責任論みたいなのがすごくあるでしょう？「なんでも自分でやらなきゃいけない」と思うことが生きづらさになっている。

そういうところを支えられるような社会になるといいなぁと思っています。

高橋聡美（たかはし・さとみ）

一九六八年、鹿児島県生まれ。高校卒業後、自衛隊中央病院高等看護学院へ。東北大学大学院などを経て、病院の精神科や心療内科に看護師として勤務。スウェーデンで精神医療保険に関する調査を行い、帰国後は各大学の看護学科などで教べんをとる。子どもたちへの自殺予防教育に取り組むかたわら、自殺者の遺族の分かち合いの会も主宰。仙台に在住の二〇一一年に東日本大震災を経験し、震災の遺族ケアを実践している。二〇二一年、一般社団法人　高橋聡美研究室を設立。『大切な人を亡くした人の気持ちがわかる本―グリーフケア　理解と接し方』（法研）など、著書多数。

福祉の専門職の人たちに、グリーフサポートの大切さをもっと意識してほしい
——菱沼幹男先生

ここでもうひとり、専門家の先生にご登場いただきます。菱沼幹男《ひしぬまみきお》先生です。「地域福祉」の研究者で、もりさんの恩師にあたる方でもあります。先生はグリーフサポートの専門家ではありませんが、いま、様々な福祉活動の場で、支援する側の人にグリーフサポートの知識や考え方が求められていると感じるそうです。ここでは少し視点を変えて、私たちの社会とグリーフサポートのつながりを考えてみます。

地域福祉とグリーフサポート

——先生のご専門は「地域福祉」です。どんなことを研究し、どのような活動をされているのですか?

地域福祉は、「誰もが孤立することなく、安心して暮らせる地域を作ること」を目指すことです。普段は大学で、「福祉の専門職」を志す学生たちへ地域福祉について教えています。彼らは卒業後、高齢者や障がい者、児童の施設だけでなく、行政や社会福祉協議会（社協）などに就職していきます。私自身は大学で教えるほかにも、各地に足を運んで、地域づくりのお手伝いをしています。

――もりさんにとって、先生は「恩師」だと伺っています。

菱沼幹男氏

もう一〇年以上前になりますが、社会福祉士を目指す人が学ぶ通信教育課程で、私のクラスにもりさんが受講生としていらっしゃいました。ただし当時、もりさんは息子さんを亡くされたことなどは一切お話しされていなかったんです。

――その後もずっとご縁が続いてきたのは、どういういきさつがあったのでしょうか？

少し専門的な話になりますが、人が周りの人間関係から受ける様々な支援を「社会的支援」つまり「ソーシャルサポート」と言います。このソーシャルサポートの中に「情緒的サポート」というものがあります。物品を与えたり経済的に援助したりすることとは違い、本人の気持ちを受け止め、寄り添うことです。

――まさに、グリーフサポートですね？

私は当時、「グリーフサポート」という言葉は使っていなかったものの、この「情緒的サポート」の大切さを、よく講義の中で話していました。もりさんはそこに注目して、地域福祉に関心を持ってくださったようでした。

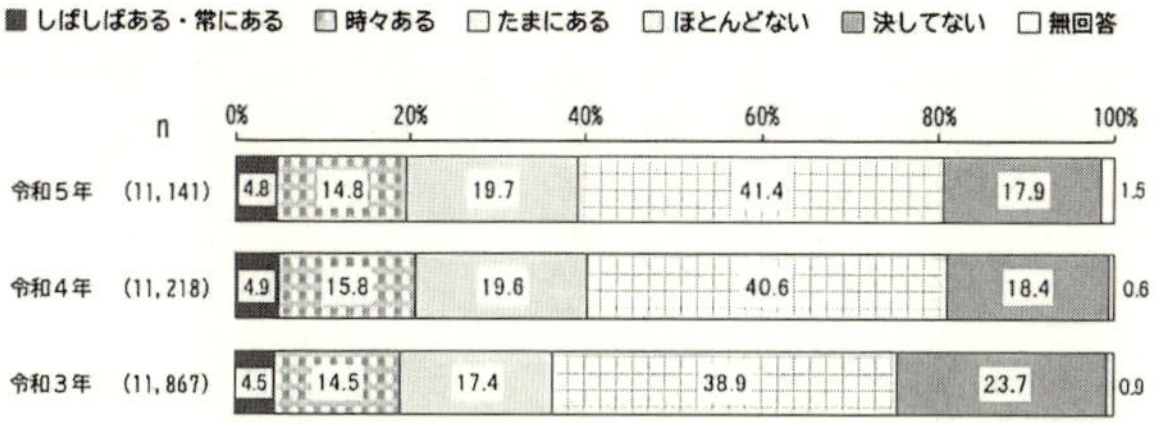

「あなたはどの程度、孤独であると感じることがありますか」という設問への答え
孤独・孤立の実態把握に関する全国調査（令和５年）より

——もりさんは、先生から地域福祉について学んだことで、かつて自分自身が孤立してしまった地域のことや、グリーフを抱える人を地域で支えることの大切さについて考えるようになったと話していました。

通信教育の後も私に勉強会の講師を依頼されるなど関わりが続き、その過程で息子さんを亡くされたご経験を打ち明けてくださいました。

私が話していた情緒的サポートと、もりさんのグリーフサポートの考え方がつながったんだと思います。

いま、なぜグリーフサポートなのか

——先生は近著の中で、ページを割いてグリーフサポートに触れています。地域福祉は非常に幅広いと思いますが、その中でグリーフサポートをどんなふうにとらえていますか？

いま、グリーフサポートの必要性が高まっていると感じます。最近、政府が「孤独」や「孤立」を社会問題としてとらえ、様々な取り組みを始めていることをニュースなどでご存じかもしれません。その過程でこんな調査が行われました。「孤独・孤立の実態把握に関する全国調査」（内閣府）というものです。

回答を寄せた人の中で、孤独感が「しばしばある・常にある」「時々ある」「たまにある」と答えた人はおよそ三九パーセントでした（二一九頁参照）。ちなみに男女別で見ると、男性では三〇～五〇歳代、女性では二〇～四〇歳代で高い数字になっています。そしてそれらの「孤独感がある」と答えた人に、「現在の孤独感に影響を与えたと思う出来事」を尋ねた質問に対し、約二三パーセント、つまりおよそ四人に一人が、「家族との死別」と答えているんです。これはダントツです（二二二頁参照）。

――こうして数字にはっきり表れるほど多いんですね。

ほかには病気や怪我などの「心身の重大なトラブル」や、「転校、転職、離職、退職」という回答も多くありました。これらは死別ではありませんが、それまで築いてきた社会との関わり、人間関係の「喪失」につながるできごとだと思います。

喪失体験からグリーフが生まれることを考えると、この調査結果は、いま、グリーフサポートがいかに求められているかを表していると思います。

いかにグリーフサポートの視点が入っていくか

――ほかに、グリーフサポートについて感じていることはありますか？

令和六年四月一日、「孤独・孤立対策推進法」という法律が施行されました。その趣旨は「孤独・孤立に悩む人を誰ひとり取り残さない社会」「相互に支え合い、人と人との『つながり』が生まれる社会」を目指すとされています。これは

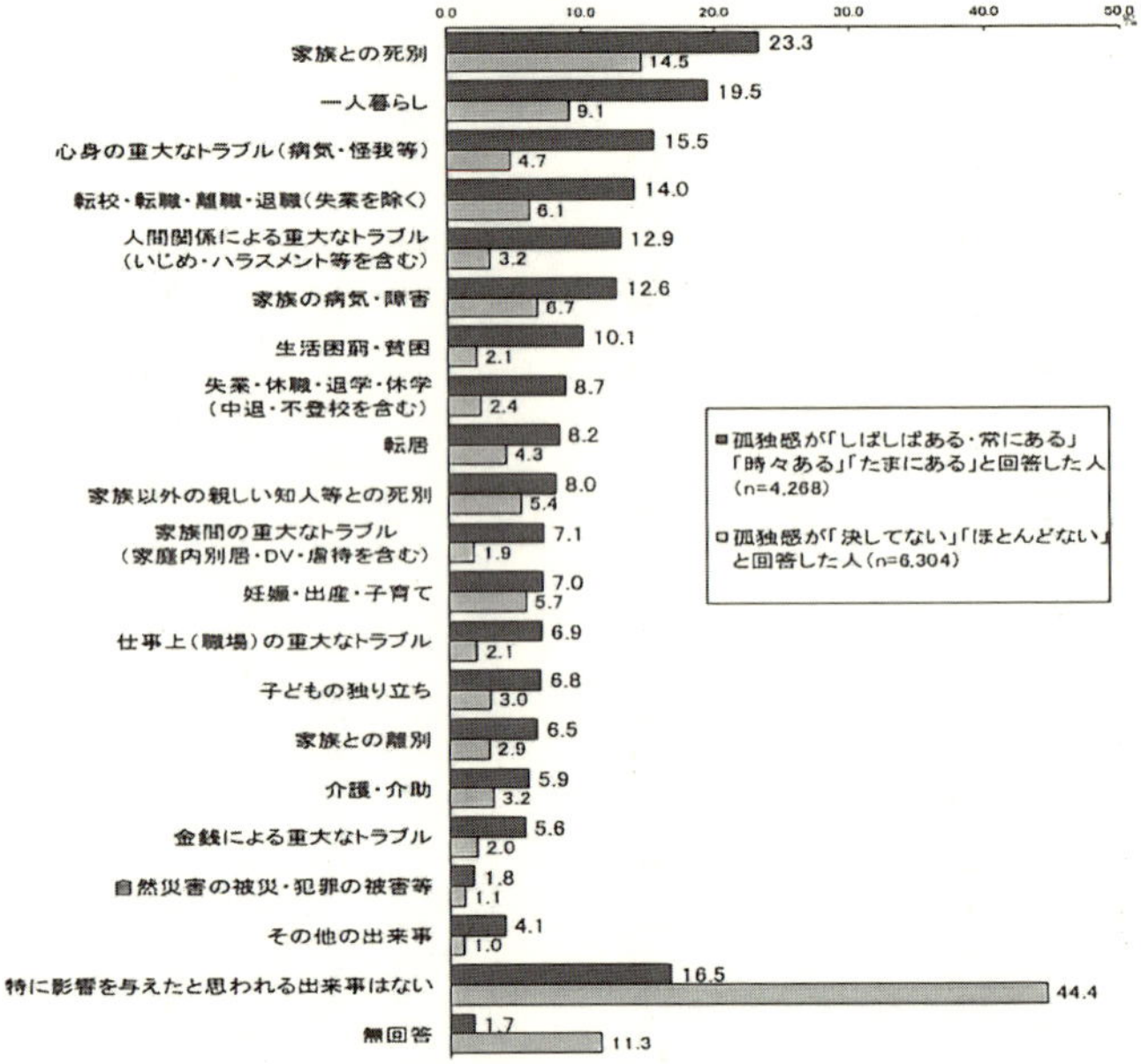

現在の孤独感に影響を与えたと思う出来事（複数回答）
孤独・孤立の実態把握に関する全国調査（令和５年）より

地域福祉が目指すところであり、この法律ができたことは重要だと思います。

今後は、こうした法律に基づく活動の中に、いかにグリーフサポートの視点が入っていくかが重要だと思っているんです。

――つまり、どういうことでしょう？

地域福祉の現場で、どんなことが起きているかをお話ししましょう。

これまでも、孤立や孤独を防ごう、そのために、地域の人たちが出かけて行ける場所を作りましょうということで、地域における「居場所づくり」が盛んに行われてきました。それとともに、ひとり暮らしの高齢者などに対して「こういうサロンがありますよ」「趣味のサークルに行きませんか」というように声をかけ、既存のサービスや場所を紹介すること、つまり「居場所につなぐ」ことが行われてきました。ところが、そうした場所に行こうとされない方もいらっしゃるんです。

——それはなぜでしょうか?

居場所の多くは「明るく、楽しく、にぎやかに」過ごす場所なんです。しかし、悲しさや苦しさを抱えていると、にぎやかな場所には行きづらい人もいます。そこに目を向けず、楽しく過ごせる場所へつなぐことに力点が置かれているのではないかと感じることがあります。

安心して気持ちを語れる場所

――本来はどうあるべきでしょう？

そこにグリーフサポートの視点が入ることで、適切な居場所につなぐことができると思うんです。その人のグリーフに目を向けて、つなぐ先を考えていければ、にぎやかなところだけではなく、安心して自分の気持ちを語れる場所につなぐこともできます。場合によっては、「そのような場所を作る」という動きにもなるかもしれません。グリーフカフェもそのような場所のひとつでしょう。

つながった先の、居場所で活動している人たちも同じだと思います。やって来る人に対して「にぎやかに過ごしてもらおう」というだけではなく、グリーフサポートの大切さを意識していれば、関わり方はずいぶん変わると思います。

――つまりグリーフサポートは、本書で描いてきたカフェのような場だけではなく、福祉に関わる場に広く求められているということですね？

実はこの点、私にも忘れられない経験があるんです。

いまから二〇年ほど前、デイサービスで仕事をしていたときのことです。その地域に、息子さんを亡くされて家に引きこもっている高齢の女性がいました。その女性が介護支援専門員（ケアマネージャー）さんの紹介でデイサービスへ通うようになりました。私たちはほかの利用者の方々と交流し、少しでも元気を出してもらいたい、楽しく過ごしてもらいたいと思って接していました。

しかしグリーフサポートの大切さを感じているいま、振り返ってみると、本当にそれでよかったんだろうかと。その方はもしかしたら、明るく楽しく過ごすより、つらい気持ちや息子さんを思う気持ちを、誰かに話したりしたかったのかもしれないと。

あのとき、もし自分にグリーフやグリーフサポートについてもっと深い知識があれば、違う対応ができていたのではないかと感じています。

「私がどんなときに悲しいか、分かりますか？」

——先生がこのようにグリーフサポートに関心を寄せるようになったきっかけはなんだったのでしょう？

もりさんとの出会いが大きかったです。もともと、情緒的サポートの大切さは話していたのですが、グリーフサポートがいかに大切か、もりさんのお話から改めて考えさせられました。特にインパクトが大きかったのは、もりさんがケアマネージャーとして、高齢の男性のもとを訪れたときのお話です。

——本書の中のもりさんのパートでも触れています。もりさん自身が、自分のグリーフに気づくきっかけになったできごとです。

その男性はひとり暮らしで、末期癌を患っていました。ある日、担当者のもりさんが訪ねて行くと、男性は、それまではしなかった話を始めたんです。三年前に奥さんを亡くしたこと。奥さんは地域でも入院先の病院でも人気者だったこと。男性は奥さんを通して人とつながっていたので、妻亡き後は、誰にも胸の内を語れずにいたこと。

そしてこう尋ねます。「もりさん、私がどんなときに悲しいか、分かりますか？」。もりさんが「家でひとりでいるときですか？」と答えると、男性は「違います」とおっしゃったそうです。「同世代の夫婦が、仲良く楽しそうにしているのを見るときです」。

そしてもりさんに、妻を亡くしたことの悲しみ、妻を思う気持ちを語り、最後に「話を聴いてくれてありがとう」とおっしゃったそうです。

——気がつくと、予定の訪問時間を大幅に超えていたと、もりさんは言っていました。

もりさんのこのお話は、非常に多くのことを教えてくれます。まず、人は誰に対してもつらい気持ちを語れるわけではないということです。男性は、以前から自分のことを心配して来てくれていたもりさんだったからこそ「この人だったら、自分の話を聴いてくれるんじゃないか」と感じたと思うんです。別の人が突然来ても、話さなかったのではないかと思います。話したい相手に、話したいタイミングで語れるということがいかに大切かを教えてくれます。

また、自分と同世代の夫婦が楽しそうにしているのを見るのが悲しいというお話も、非常に大切なことを教えてくれます。亡くなられた方に対する思いの大切さや、にぎやかな場所につなぐことだけが支援ではないということを、改めて考えさせられるエピソードです。

「グリーフサポートの視点」とは

——先生がおっしゃる「グリーフサポートの視点」とは、具体的にはどのようなことを言いますか？

その方がいままでどんな経験をされてきたのか、いまどう思っているのかに目を向けて、相手の気持ちに寄り添おうとすることです。

家族との死別や離婚、失業など、グリーフの原因となる「喪失体験」はいろいろあります。大切なのは、それらの「できごと」に加えて、それが、その人にとってどんな苦しみや悲しみになっているのか。その人がどこに「しんどさ」を感じているのか。つまり、その人のグリーフに目を向けることが、「グリーフサポートの視点を持つ」ことにつながると思います。

——一見しただけでは分からないこともありますよね？

実はそこも、大きなポイントです。病気や事故で怪我をしたり、仕事を失ったりするといったことは、一見して分かりますし、サポートする制度もあります。しかしグリーフのように、見た目には分かりにくい「気持ち」があります。

その人の健康状態や生活状況だけではなく、家族との関係性はどうなのか、仕事でどんなものを背負っているのかなど、その人の気持ちにも目を向けることが大切だと考えています。

地域は居場所になりうるか

――ところで、先生のご専門は「地域福祉」です。カフェでは参加者の方がしばしば「地域がつらい」というお話をされます。お子さんを亡くした女性は、近所の人たちからの視線がつらくて出歩けず、「家の近所が一番怖い」と言いました。グリーフを抱える人を、地域で支えることは可能だと思いますか？

大きな悲しみ、苦しみを経験したとき「密接な関係性の中だからこそ苦しい」ということはあると思います。自分のことを知っている人たちの中では、その立場でい続けなくてはならない場合もあるからです。もりさんは福岡では「子どもを亡くした親」という立場でいなければならないのがつらかったと言っていました。

「密接な関係性」という意味では、地域だけでなく家族の中のつらさということともあると思います。例えば、秋田県では、自殺率が非常に高いのをご存じでしょうか。その中で高齢者に目を向けると、ひとり暮らしをしている方と、若い世代と同居している方では、実は後者のほうが自殺率が高いんです。

――そうなんですか？　意外ですね……？

秋田で高齢者の方々の話をよく聴いて見えてきたのは、ひとり暮らしの方どうしはお互いよく連絡をとり合っているんですよ。地域の人も声掛けしてくれるし、民生委員さんも来てくれるし、公的サービスもある。

一方で若い方と同居していると、近所の人が気兼ねをして声をかけられない。民生委員さんの訪問対象からも外れていたり、公的なサービスの対象になっていなかったりすることもあります。そういうときに、家族との関係がうまくいっていないと、苦しくなってしまうわけです。家族がいるから支えられているとは限らない。そこにも気づく必要があります。

地域とは「はぐくんできた人間関係」

——どういう場所なら、苦しさを抱えずに生きられるのでしょうか？

そこで大切になってくるのが「地域」という言葉の意味です。地域福祉の目指すところとして、よく「住み慣れた地域で安心して暮らせる」ということが言われます。しかし私は学生たちにいつもこの「住み慣れた地域」とはなんなのか？ということを、よく考えるように話しているんです。

——というと、どういうことでしょう？

私が考える「地域福祉の目標」はこうです。

自分が望む場所において、豊かな人間関係に囲まれて、社会的役割や自己肯定感を持っていきいきと生活できること。

地域とは、その人の居住地や、近隣住民を指すのではありません。「その人がはぐくんできた人間関係」のことです。その人の気持ちを受け止めてくれる人間関係に目を向けていくことが大切です。

「聴く」こと自体が支えになる

――そのような「地域」で、グリーフがある人を支えるために、どのようなことが必要だと思いますか?

まず、地域で活動する福祉の専門職が、グリーフサポートについて知り、学び、その視点を持つことです。

――ちなみにいま、福祉の専門職の間で、グリーフサポートはどれくらい認識されて、広がっているんですか?

以前に比べて広がりつつありますが、まだまだです。グリーフサポートのことを知っていても、実際にグリーフカフェのような場所につなぐことができていない場合もあります。グリーフサポートの大切さを、福祉の専門職にもっと意識してほしいと思っています。

――ほかにどんなことが必要でしょう?

専門職かそうでないかにかかわらず、地域で暮らす人みなさんに関係すると思うのですが「話を聴くこと自体が支えになる」という感覚を共有することだと思います。これが広がると、だいぶ違うのではないかと思います。

相談を受けると、つい「アドバイスしなくちゃ」と思う人は多いですよね？　しかし相談した側はアドバイスが欲しいのではなくて、聴いてほしいと思っている場合もあるんです。そこにアドバイスされてしまうと、むしろしんどくなってしまいます。

——それはまさに、カフェで大切にされている点です。

そして重要なのは、「聴くこと自体がサポートになる」という考え方を、福祉の専門職や地域の人たちにいかに広げていくかということです。

——広がっていきそうでしょうか？

各地で配置が進んでいる「コミュニティソーシャルワーカー」という仕事をご存じですか？　ひとりひとりの生きづらさに向き合いながら、地域の方々と一緒に生活を支えていこうとする専門職です。グリーフのような問題や、従来の仕組みでは支援できなかった困りごとに向き合う仕事でもあります。そういう人たちからもグリーフサポートが広がっていけばよいと思います。

グリーフを抱える人を孤立させないために

――とはいえ、支援には難しさもあるのではないかと思います。グリーフを抱える人の中には、むしろ「そっとしておいてほしい」「孤独を味わっていたい」と言う人もいます。

確かに、無理にアプローチするわけにはいかないのですが、そっとしておいてほしいと言われたからといって放っておくのではなく、気にかけてどういう声掛けができるかを考えていくのがサポートする側の役割として大切です。その際、私は「視点の反転」が大切だと学生たちに教えています。

――それはどんなことですか?

「我々がこうしてあげたい」ということよりも、その人がいまどんな気持ちでいるんだろうか？　その人から世界がどのように見えているんだろうか？　その人の立場に立って、どう声掛けをすればいいのか？　を考えることです。

――もりさんは息子さんを亡くした後、生活していた街で孤立し、誰にも気持ちを語れないまま、精神的に追い詰められていきました。もし先生なら、どんなことをしますか？

グリーフは、人それぞれですので、何ができるのか、私も試行錯誤をすると思います。

ご本人が心を閉ざしてしまっている場合、例えば「月命日にお線香をあげに行く」といったところから接点を作るのはどうだろうかとも思います。「自分が大事に思っている人を思って来てくれたんだ」と受け止めてもらえれば、何か話してもらえるかもしれません。

それと、情報提供は大事だと思います。つらい思いをしている人に、例えばグリーフカフェのような場所を「こういう場所があるよ」と知ってもらうことです。「ちょっと行ってみない?」と、少し背中を押してくれる人がいたらいいときもあるのではないかと思います。

――もりさんも、グリーフを抱えている人自身が変わるのではなく、周りの人たちがその人のグリーフを理解して、支えていける地域を作りたいと言っていました。

周りの人々が心配して声をかけても、気持ちが届くときもあれば、届かないときもあります。それも仕方のないことだと思います。

例えば、精神科医の藤本修さんは『精神科医はどのようにこころを読むのか』(平凡社)という本の巻末に「こころを上手に読むための10箇条」を挙げています。その最初には「人間のこころを読むのは簡単なことではない、ということを知る」とあります。人の気持ちは完全には分かりません。だからこそ「理解しよう」とする姿勢で接することが必要なのだと思います。

「みんなしあわせ」を実現するには

――先生はずいぶん早くから、福祉の仕事を意識し始めたそうですね？

自分の話をするのは少し恥ずかしいですが、子どもの頃から、困っている人を見ると、なぜかとても不安になってしまうという性分がありまして……。でも、なぜそういう気持ちを持つようになったのか、理由はよく分からないんです。そこから、どうしたら人は幸せに生きていけるかを考えるようになり、中学時代に宗教に興味を持ちました。やがて、福祉の仕事につけば誰かの役に立てるのではないかと考え、この道を選びました。

――それからずっと、この道一筋ですよね？

私は、福祉の仕事は、支援を必要としている側だけでなく、支援する側の人もしあわせになれる仕事だと思っているんです。

そもそも「福祉」という言葉、どういう成り立ちかご存じですか？　語源をたどると「福」は、神様から授かったお酒を入れる壺。「祉」は、神様から授かったものが、そこに長くとどまっている状況のことを指すんです。つまり「福祉」とは満たされた状況、「しあわせ」の意味なんです。自分も含めた、ひとりひとり、みんなのしあわせが福祉なんです。

――我ながらひねくれた質問をしますが……そうはいっても「みんなしあわせ」なんてありえないですよね？　戦争はなくならないし、貧困はあるし、災害も起きます。私の周りには、日々の平和を乱すイヤな奴や信頼できない人間もたくさんいますよ。

そうですね、私も「みんながしあわせになる」ことがどんなに難しいか感じています。

確かに、全員がお金持ちになるとか、争いをなくすことはできないかもしれません。でも、その「しあわせ」の意味を、「誰かとつながる」「自分を受け止めてもらえる場所がある」ということだと考えると、それは実現に向けて人々が協力できることなんじゃないかと思うわけです。

――日ごろ学生さんたちを教えていて、どんなことを感じますか？

いま、制度の枠にとらわれることなく、それぞれの人のニーズに応えたい、困っている人の役に立ちたい、という学生が増えていると思います。中には、自分自身もつらい経験をして、グリーフを抱えているからこそ、福祉の仕事を志している若者もいます。グリーフサポートの視点を持った人材が、これからきっと、よりよい地域づくりをしてくれると思っています。

菱沼幹男（ひしぬま・みきお）
一九七一年、茨城県生まれ。日本社会事業大学で学び、社会福祉協議会や高齢者デイサービスセンターの職員などを経て、母校の教員となる。二〇二三年から社会福祉学部福祉計画学科教授。専門は地域福祉、コミュニティソーシャルワーク。全国各地の自治体で地域づくりのアドバイザーを務め、さらに福祉専門職や地域住民を対象とした講演を行っている。NPO法人日本地域福祉研究所理事。近著に『コミュニティソーシャルワーク』(有斐閣)。

おわりに

最後に、筆者がなぜグリーフカフェに惹きつけられ、本書を作るに至ったのかをお伝えしようと思います。筆者は死別によるグリーフの当事者でもなければ、グリーフやグリーフサポートの専門家でもありません。そのような者が、カフェを直接見て、聞いて、どんなことを感じたかを伝えることで、より多くの人と、この場を共有できるのではないかと思うからです。

カフェとの出会い

私がはじめて「グリーフカフェ」に出会ったのは、二〇一九年の夏のことです。当時は「グリーフカフェ」どころか、「グリーフ」という言葉の意味もよく分かっていませんでした。ただ、年内に放送されるドキュメンタリー番組の構成を担当するにあたり、「一度くらいは現場を見ておいたほうがいいだろう」という考えから、以前から取材にあたっていたＴＯＫＹＯ　ＭＸの照井健さん、杉本俊太さんに伴われて、「暮らしのグリーフサポートみなと」のグリーフカフェにお邪魔したのです。

そのときの、強烈なパワーで引き込まれ、揺さぶられるような感覚を、いまもよく覚えています。そこは港区にあるビルの一室で、ご家族を亡くされた方々がテーブルを囲み、肩を寄せ合うようにして語り合っていました。もし職場やご近所で会っていれば、なんの問題もなく、順調な人生を送っているように見える人たちです。その人たちが、いまにも押しつぶされそうな悲しみや後悔、怒りを、切々と語っていました。

それらのひとつひとつが、経験した人でなければ決して語ることができない、圧倒的なリアルとして迫ってきました。かたわらでＭＸのカメラが回る中、私は撮影やカフェの進行の邪魔にならないように、部屋の一番すみっこにかがんで聞いていたのですが、思わず身を乗り出しそうになるのを自分で抑えなければなりませんでした。

そして驚くべきことに、それらのお話を聞くうちに、私自身が過去に経験した、つらかった場面や感情が、次々に思い出されてきたのです。「自分も、この人と似たようなことを考えたことがある」「同じような行動をしたことがある」と、息苦しくなるほどでした。私は死別によるグリーフの当事者ではないのに、一体何が起きているのか、わけが分かりませんでした。ただ、自分では「とっくの昔に終わった、取るに足らないこと」だと思っていたことが、実は終わらないままどこかにあって、意外と重大なことだったのかもしれない、などと思いました。そして、ここで行われていることは、決して「自分に無関係なこと」ではなく、何かつながりがあるものだと感じました。

その日を境に、自分にとっての世界が少し変化したような気がしました。わたくしごとですが、その頃、私はとても苦しい状況にありました。自分を含めたあらゆるものに失望していて、この先も、前向きに生きることなどとうていできないと思っていました。頭は動くのですが、感情が停止しているような感覚が、ずっと続いていました。そのようになったきっかけは確かにあったとは思うのですが、根本には、自分がきちんと対処せずに長年放置していた問題がいくつもあるような気がしました。それらが複雑に組み合わさって、「人生の負債」のようなものになり、膨らみ続けた挙句、とうとう自分の限界を超えたという感じです。そんなときにカフェに出会い、何か重要なところにつながる「鍵」を見つけたような気がしました。

カフェで見つけたこと

翌月以降、表向きは「ＭＸさんの取材に同行する」という形をとりながら、実のところ、吸い寄せられるような感覚でカフェに行くようになりました。その中で見つけた重要なことが、いくつかあります。

ひとつには、つらい、苦しい気持ちを吐き出せる場があることとの安堵です。カフェではみなさん、追い詰められた心や、時には「死にたい」という気持ちも、隠すことなく語り合います。私はそのことに、とてつもなくホッとしました。それまで、決して人には言えないと思っていたことでも、言っていい場所があるということ。「本当にヤバくなったとき、駆け込めるところがこの世にはある」という事実は、心をずいぶん、軽くしてくれました。

そしてもうひとつは、そのように苦しみや悲しみを語ることは「決して弱いことではない」ということです。私はそれまで、弱音を吐いたり、つらい気持ちを人に言ったりすることは「みっともない、恥ずかしいこと」だと、どこかで思っていました。しかしカフェでみなさんのお話を聞くうち、全然違って見えてきたのです。みなさんは悲しみや苦しみを語ることで「生きよう」「立ち上がって、自分の足で歩き出そう」としていました。その姿は弱いどころか、むしろたくましく、勇敢にさえ見えました。

人には生きていく力があり、人間は、私が思っているよりもずっと強いということ。私はそのことを、観念や誰かの言葉ではなく、目の前で、形あるものとして見ました。その光景が、いまにも崩れそうになっていた私に「大丈夫だ。生きられる。しっかりしろ」と言ってくれているようでした。

書籍化の理由

取材が終わり、TOKYO MX「グリーフカフェ～悲しみを語れる場所～」が放送されました。しかし私は、放送前から、この内容は書籍にして残すべきだと思っていました。

まず、グリーフカフェという場所があることを、もっと多くの人に知ってもらわなければならないと思いました。こんなに大切な場所なのに、あまりにも存在を知られていないもどかしさがありました。

大切な人を亡くしてつらい思いをしている人の中には、それが「グリーフ」だということを知る機会もなく、どうしていいか分からず困っている人もいると思います。このようなカフェがあると知ってもらえれば、選択肢のひとつにしてもらえるかもしれません。いまはつらくて家の外に出られないという人にも、本を通してなら、カフェの雰囲気に触れてもらえるとも考えました。

そして「これは関係のない人はひとりもいないテーマだ」とも思いました。人は生まれた瞬間から、何かを失いながら生きていくと思います。いまは「自分にグリーフはない」と思っていても、いずれ身近にいる大切な人を亡くすときが来ます。人だけでなく、ペットとの別れや、大切にしていたものをなくすこともあるでしょう。誰もが喪失の当事者だと思うのです。カフェという場所があると知っているだけでも、そのときの「備え」になると思いました。

　また、私がそうだったように、死別によるグリーフの当事者ではなくても、カフェの存在や語られている内容に救いを感じる人は多いのではないかと推測しました。いま、心に傷を抱えて「生きづらい」と感じている人は多いと思います。その人たちに届けるためにも、私がここで見聞きしたことを、自分のもののようにするのではなく、広く知らせるべきだと考えました。

日々のできごとに対して思うこと

　本書を読んでくださった方はお気づきかもしれませんが、グリーフやグリーフサポートについて、もう少し多くの人が知っていれば起きていなかったと思われるできごとが、いま、たくさん起きています。

例えば、筆者がこの本を書いている間に、パリオリンピックがありました。そこでは、選手への誹謗中傷が大きな問題になりました。

何年間も苦しい練習を積み、メダルを目指してきた選手たちにとって、メダルを逃すことは「喪失」そのものだと思います。そのとき、泣こうが、わめこうが、笑おうが、黙ろうが、それはその人のグリーフの形です。髙橋先生もおっしゃっていましたが「グリーフの形に正解はない」はずです。それに対して「こうあるべき」とか「こうすべきではない」などと、本人に届くような形で発信するのは、まさに「グリーフリテラシーの欠如」だと私は思います。菱沼先生がおっしゃっていた「グリーフサポートの視点」さえあれば、生まれていなかったはずの無用な傷つきが、世界中で数えきれないほど生まれ、増殖し続けている様子は恐ろしく、もう少し、どうにかできないものかと考えます。

謝辞

さて、本書には、NPO法人「暮らしのグリーフサポートみなと」のグリーフカフェに参加されている、五人の方々にご登場いただきました。

「はじめに」でも触れた通り、グリーフカフェは本来、プライバシーが重んじられる閉じられた空間です。人に聞かせることを前提にはしていません。にもかかわらず、書籍を作りたいという私の相談に対して、みなさんが本当に快く応じてくださいました。

「自分の経験が、誰かの役に立つなら」「グリーフカフェという場所があることを、もっと知ってほしい」——。それぞれの方が真心で、私のしつこい質問や取材に丁寧に答えてくださいました。おひとり、おひとりが、私に大切な経験を教えてくださった、かけがえのない存在です。この方々に心から敬意を表し、お礼を言いたいです。

その中に、もりさんがいます。

はじめてカフェで出会ったときから、何か不思議な感じがしました。啓祐くんのことについては、過去の報道などで知っていたのですが、もりさんというひとりの女性が、私にとっては大変親しみやすく、尊敬できる、すてきな人物です。本を作りたいという志のもと、二人三脚のような状態で、一緒に走り続けてきました。今後もずっと、大切な友人だと思います。

書籍の出版にご賛同いただいた、「暮らしのグリーフサポートみなと」の関係者のみなさまにも、心からお礼を申し上げます。

そして巻末にご登場いただいた、髙橋聡美先生。菱沼幹男先生。おふたりも、もりさんのご縁から紹介いただきました。各分野を代表されるスペシャリストの先生方から、直接お話をお聞きしたことは、学ぶことが多かったのはもちろんのこと、大変光栄で、忘れられない経験になりました。

そして、ＴＯＫＹＯ　ＭＸの照井健さんです。

照井さんこそが、ずっと前からグリーフカフェに注目し、もりさんと丁寧に関係を築き、カフェの中にカメラを入れて撮影するという、異例中の異例ともいえる取材を続けていた人です。照井さんの取材がなければ番組もなく、私もこのテーマに出会っていません。

そしてその照井さんとともに番組を作られた、TOKYO　MXの杉本俊太さん。番組だけでなく、書籍づくりにあたっても、様々にご協力くださいました。照井さん、杉本さん、そして、書籍の出版にご同意いただいたTOKYO　MXさんに心からお礼を申し上げます。

書籍化を決意したものの、出版に関してはまったくの素人である私が、まだほとんど知られていない「グリーフカフェ」について書く本を、どうやって世に出すのかは難題でした。どうせどこの出版社もとりあってくれないだろうとあきらめて、「個人出版」のような形で出す準備を進めていた頃に助け舟を出してくださったのが、フリーライターの渋井哲也さんです。以前からもりさんとつながりのある、経験豊富な渋井さんが、論創社さんを紹介してくださいました。

論創社の編集者・谷川茂さんは、おしかけるように訪ねて行って、グリーフやグリーフカフェについて暑苦しくまくしたてる私の話を、じっくり聞いてくださいました。私の素性もよく分からず、不安だったと思うのですが「この本は、部数はたくさん売れないかもしれませんが、世の中に必要な本です。作りましょう」とおっしゃいました。あのとき、どんなに救われたか分かりません。世の中は捨てたもんじゃないと、本気で思いました。

そして最後に、仕事上のかけがえのないパートナー・弓田宗孝さんに感謝します。弓田さんが私を、照井さんに結びつけてくださいました。

このようなわけで、この本は私が書いたというよりも、多くの人の誠意と熱意とパワーによってできあがっています。

そろそろ筆を置くときが来ました。

何年間も自分の隣にいた原稿が世に出ていくことに、ホッとする気持ちと、一抹の寂しさがあります。この本が、いま、どこかでつらさや悲しみを抱えている人に寄り添って、その人の呼吸を少しでも楽にしたり、ちょっとだけ元気を出すための後押しになったりしたらうれしいです。

二〇二五年一月

佐藤奈央

ＮＰＯ法人「暮らしのグリーフサポートみなと」

ホームページはこちら
https://www.griefminato.org/

問い合わせ先メールアドレスはこちら
griefminato@gmail.com

【本書の元となった番組】

「グリーフカフェ〜悲しみを語れる場所〜」（ＴＯＫＹＯ ＭＸ）
2019年10月26日放送

取材・撮影　照井健
プロデューサー　三嶌亮二
ディレクター　杉本俊太
構成　佐藤奈央

佐藤奈央（さとう・なお）

1976年生まれ。スポーツ新聞の記者を経て、テレビ番組の構成やドラマ脚本などを手掛ける。TOKYO MXのドキュメンタリー番組「グリーフカフェ〜悲しみを語れる場所〜」（2019年）で構成を担当。

協力　東京メトロポリタンテレビジョン株式会社（ＴＯＫＹＯ　ＭＸ）
　　　ＮＰＯ法人　暮らしのグリーフサポートみなと

論創ノンフィクション 061
グリーフカフェ
〜大切な人を亡くした人たちが語ったこと〜

2025年4月1日　初版第1刷発行

著　者　佐藤奈央
発行者　森下紀夫
発行所　論創社
　　　　東京都千代田区神田神保町 2-23　北井ビル
　　　　電話　03（3264）5254　振替口座　00160-1-155266

カバーデザイン　奥定泰之
組版・本文デザイン　アジュール
校正　小山妙子
印刷・製本　精文堂印刷株式会社
編　集　谷川 茂

ISBN 978-4-8460-2472-7 C0036